나의 수업, 어디서 흔들리는가?

수업
딜레마

가르침이 난관에 부딪칠 때,
배움의 길을 어떻게 만들어갈 것인가?

나의 수업, 어디서 흔들리는가?

수업 딜레마

가르침이 난관에 부딪칠 때,
배움의 길을 어떻게 만들어갈 것인가?

이규철 지음

맘에드림

나의 수업, 어디서 흔들리는가?

수업
딜레마

가로놓인 난관에 부딪칠 때,
배움의 길을 어떻게 만들어갈 것인가?

발행일	2013년 11월 29일 초판 1쇄 발행
	2016년 10월 27일 초판 4쇄 발행
지은이	이규철
발행인	방득일
발행처	맘에드림
주　소	서울시 도봉구 노해로 379 대성빌딩 902호
전　화	02-2269-0425
팩　스	02-2269-0426
e-mail	nurio1@naver.com
ISBN	978-89-97206-14-8 03370

※ 책값은 뒤표지에 있습니다.
※ 잘못된 책은 구입처에서 교환하여 드립니다.
※ 이 책은 저작권법에 의하여 보호를 받는 저작물이므로 무단 전재와 무단 복제를 금합니다.

가르치는 일보다 더 중요한 것은
교사와 학생 사이의 관계다.
- 토마스 고든 -

저자의 말

가르침을 위해 매순간 호흡을 가다듬어야 하는 교사들을 위하여

부끄러운 고백으로 처음을 연다. 사실 이 책은 2012년 4월에 기획된 것인데, 이제 세상에 얼굴을 내민다. 미루고 미뤘던 숙제였다. 숙제를 하지 않았다는 찜찜함과 부담감이 무엇인지를 가르쳐 준 책이다. 그리고 집필 과정에서 기다려주는 고마움을 새삼 깨닫게 했다. 처음에는 의무감으로 시작했고, 나중에는 긍휼함이 더했진 애증의 흔적이 상처로 자리 잡고 있다. 지금까지 공동 작업으로 책을 낸 적은 있었지만, 혼자서 쓸쓸하게 고뇌하며 나의 한계와 부딪치면서 글을 써보는 경험을 남겨준, 나에게는 미운 자식 같은 존재이다. 그래서 더 사랑스럽다. 나의 밑바닥이 무엇인지를 직면케 한 장본인이다. 글을 쓰는 내내 좌절하고 넘어지고, 비교하고 생채기를 남겼다. 어느 순간에는 한 문장을 가지고 몇 시간을 끙끙거리다가, 다음 문장에 대한 아이디어를 얻어 낸 후에 마무리를 하기도 했다. 글이 막힐 때는 마음 깊은 곳을 만져주는 음악을 감상하고, 감동을 주는 시를 읽고 내 마음의 감정을 어루만지면서 내 마음을 지키려고 애를 썼다. 선생님들의 내면에 담긴 딜레마를 깊이 관찰하기 위해서 몇 번씩 인터뷰 내용을 읽고 또 읽어서 제대로 전달하려고 힘썼다. 마음 전달이 왜곡되지 않도록 힘썼다. 그리고 나보다 앞선 사람들의 지혜를 빌리기 위해서 책과 논문을 찾아 읽어 보고, 이전에 내가 쓴 글을 다시 읽으면서 생각을 다듬기도 했다. 이러는 동안 고통으로 딱딱하고 강퍅해진 내 마음이 부드러워졌다.

솔직하게 말해서 나는 글쓰기 종목에서는 단거리 선수다. 신문 칼럼 몇 줄 쓰는 것에 최적화되어있다. 물론 이것도 쉬운 일은 아니지만 긴 호흡을 할 줄 모른다. 짧은 호흡의 글을 쓸 때는 출발점에서 입을 다물고 이를 악문 채 서너 번 호흡을 하면 어느새 도착점에 와 있었다. 글쓰기 종목에서 장거리를 뛰어본 적이 없는데, 페이스메이커도 없이 모의 훈련도 하지 않고, 실전에 투입된 마라톤 선수. 그 사람이 바로 나였다. 장거리 글쓰기 경험이 없는 마라토너는 통증을 느낄 수밖에 없다. 한 번도 사용하지 않았던 지혜의 근육을 사용해야 하기 때문이다. 잘 발달된 근육이 아닌, 아직 생기지도 않은 근육을 사용하려고 하니 아프고 괴로웠다. 그러나 외롭게 달려가야 하는 경기 현장에서 고통스러운 비명을 지르고 있는 동료들의 상처를 보기 시작했다.

풀잎에도 상처가 있다

정호승

풀잎에도 상처가 있다
꽃잎에도 상처가 있다
너와 함께 걸었던 들길을 걸으면
들길에 앉아 저녁놀을 바라보면
상처 많은 풀잎들이 손을 흔든다
상처 많은 꽃잎들이
가장 향기롭다

    나는 2012년 경기도 학습 연구년 교사로 70여 명의 선생님들을 만나서 수업을 보고, 수업코칭을 했다. 제주에서 의정부까지 초등학교 1학년 수업에서 고3 수업까지 상처 입은 선생님들을 만났다. 재밌는 입담으로 아이들을 언제나 흥미와 재미로 이끌지만 정작 자신의 내면은 그런 사실에 매우 힘들어 지쳐있는 선생님, 여학생과 의사소통하기가 두려워서 어떻게 해야 할지 모르고 흔들리는 선생님, 자신에게 발길질 하며 거친 언어를 써가며 대드는 아이와 속상해 하는 선생님, 아이들과 소통하는 수업을 하고 싶은데 정답만 알려 달라는 아이들의 편지를 받고 파산 신고를 하려 했던 선생님, 과거의 상처 때문에 엄격한 경계를 세워야 했던 선생님, 어린 시절 가족의 경험 때문에 수업에서 언제나 부족함을 느꼈던 선생님. 선생님들은 많이 아파했다. 포기하고 싶었던 아이들을 붙잡고 그래도 끝까지 가보자고 다짐하며 울음을 터뜨렸던 선생님들의 상처가 내 가슴에 오롯이 느껴졌다. 자신을 선생님으로 환대하기보다 인격적인 무시로 수업에서 빈정거리는 아이를 담아내기 위해서 마음의 독을 빼내는 아픔의 과정을 겪는 장면을 목격했다. 그랬다. 상처투성이였다.

그래서 고민을 했다. 어떻게 하면 선생님들을 도와줄 수 있을까. 내가 잠정적으로 내린 결론은 그분들 옆에 함께 하며 있는 그대로 바라봐주는 것이었다. 그분들의 이야기를 들어주기만 해도 얼굴이 환해지는 모습을 보았다. 누구에게도 털어 놓지 못했던 수업의 어려움들 즉, 딜레마였다. 딜레마의 사전적인 정의는 몇 가지 중 하나를 선택해야 하는 상황에서 판단을 내리지 못하고 있는 상태를 이르는 말이다. 누구나 매 순간 선택을 해야 한다. 인생 자체가 선택이다. 그래서 선택을 하는 순간 흔들린다.

수업의 매 순간 선생님들이 느꼈던 딜레마가 있었다. 무엇을 가르칠 것인가, 학습에 대한 욕구를 어떻게 찾을 것인가, 개념 이해에 어떻게 도달 할 것인가, 수업의 규범을 어떻게 세울 것인가. 무엇 하나 녹록치 않은 현장 교사들이 겪고 있는 어려움이다. 그러나 이 책에 수업에서 겪는 어려움의 모습을 모두 담을 수는 없었다. 단지, 선생님들의 아픔을 느끼고자 하는 노력의 흔적을 남기려는 마음을 예쁘게 받아 주셨으면 한다.

이 책은 평범한 한 교사가 현장을 발로 뛰고 경험하고, 자신이 본 것을 기록하고자 했다. 아쉬운 것은 가슴으로 이해하고 그 아픔을 공감하면서 적은 부분도 있지만, 차가운 머리를 빌려 쓴 내용도 있다. 정보 전달에 그치지 않고, 좀 더 공감하면서 그 아픈

마음을 다독이고, 만져주고 울어 주지 못한 것이 지금에서 내가 느끼는 부족함이다. 이철수 화백이 판화 그림에 남은 글귀가 생각난다. "겨우 요것 달았어 …… 최선이었어요. 그랬구나. 몰랐어. 미안해." 내가 줄곧 선생님들에게 해줬던 한 마디가 이제는 내 이야기 될 줄 몰랐다.

나는 교사다. 언제나 수업에서 흔들리는 교사다. 수업 때문에 힘들어 하고, 행복해 하는 교사다. 아이들 때문에 속상해하고, 아이들 때문에 즐거워하는 교사다. 아이들이 수업에서 배움의 기쁨을 만끽하도록 도와주고 싶은 교사다. 동료 교사의 아픔을 만져주고 들어주고 싶은 교사다. 그래서 나는 이런 교사가 되고 싶다.

이런 교사가 되게 하소서
수업에서 흔들리는 자신의 모습을 스스로 성찰하여,
날마다 내면의 힘을 키워가는 교사가 되게 하소서.
아이들이 수업에서 느끼는 고통을 분명히 보고, 그 부르짖음을 듣고, 그 근심을 알게 하시며, 그들에게 내려가서 경쟁의 땅에서 건져내고, 그들을 그 땅에서 인도하여 젖과 꿀이 흐르는 땅으로 데려가는 교사가 되게 하소서.
수업친구의 아픔을 외면하거나 모른 체하지 말게 하시며,
그 어려운 마음을 알아차릴 수 있는 공감을 지닌 교사가 되게 하소서.
불같은 열정을 절제할 줄 알며,
사람을 향한 인격적 배려가 넘치는 평화로운 학습 공동체 교사

가 되게 하소서.

  나와 나의 관계가 회복되며,

  나와 우리, 그리고 나와 자연의 관계가 회복되게 하소서.

  이 땅의 모든 피조물들을 귀하게 여기며, 더불어 사는 모습을 지니게 하소서.

  우리 교사가 이 땅에 또 하나의 학교 명패를 붙인 것에 만족하지 않고,

  학교를 살리는 교사되게 하소서.

  땀을 소중하게 여기며,

  한 푼에 담긴 노동의 가치를 귀하게 생각하는 교사가 되게 하소서.

  혼자 하는 것보다 함께 하는 기쁨을 누리게 하시며,

  가난한 마음을 지닌 교사가 되게 하소서.

  나이 들어 육신이 쇠약해지고 마음이 약해질 때도, 교사로 처음 발령 받았을 때 가졌던 부르심의 확신이 흐려지지 않게 하소서.

  우리의 마음에 남은 상처를 서로 보듬으면서

  내가 있는 수업 현장에서 언제나 견고하게 서 있게 하소서.

        수리산에서 여러분의 지지자가 되고 싶은

                            이규철

추천사

수업친구로 함께 답을 찾아가길 소망하며

이 책이 세상에 나오는 순간에도 우리 사회에서는 교육 위기가 이야기되고 수많은 대책이 쏟아지고 있겠죠. 그런데 교육에 대한 해법이 담긴 책이 난무함에도 우리 교육은 여전히 갈 길을 찾지 못해 헤매고 있고, 학생과 교사들은 절망 속에 지쳐가고 있습니다. 무엇이 문제일까요? 엉뚱하게 들릴지 모르겠지만 저는 교육의 문제를 파악하고 해법을 제시하는 사람의 탁월함이 문제라고 생각합니다. 학식이 높고 탁월한 교육 전문가들이 하늘에서 학교를 내려다보며 현란하고 복잡한 연구 기법을 동원하여 문제를 분석하여 해법 폭탄을 무차별적으로 학교에 투하하면 대부분 문제에 명중하기보다는 죄 없는 학생과 교사 위로 떨어져 오히려 학교는 더 황폐해집니다. 그렇다면 현장 교사는 적절한 해법을 제시할 수 있을까요? 현장 교사라도 탁월한 교사는 마찬가지 위험이 있습니다. 개인적인 카리스마와 능력으로 성공 신화를 만든 교사가 '모두 내 방식을 따르라. 그러면 수업이 바뀌고 학교가 바뀔 것이다.'라며 해법을 제시하면 그 분은 인정받겠지만 따라하지 못하는 평범한 교사들은 좌절하게 되고, 사회적으로는 교육의 문제를 교사 개인의 문제로 규정해버리는 오류를 범하게 됩니다.

이런 차원에서 이규철 선생님의 이력은 개인적인 카리스마와 능력을 소유하여 성공 신화를 만든 분에 가깝습니다. 일찍부터 NIE 교육(매체 활용 교육)으로 유명세를 탔고, 깨끗한미디어를 위한교사운동 대표를 역임했으며, 여러 신문에 칼럼도 게재하고, 책과 교과서도 여러 권 공저한, 수업 분야에서는 독보적인 존재입니다. 이런 그가 책을 썼다니 또 얼마나 많은 선생님들이 주눅 들고 좌절하게 될까 우려하는 마음이 있었습니다.

그런데, 뜻밖에 반가운 책이 출간되었습니다. 우리와 다른 세계에 존재할 것만 같았던 그가 우리와 같이 수업 때마다 떨리고, 실패하고, 흔들리는 평범한 교사의 모습으로 내려와 수업에 대한 우리의 고민을 함께 듣고 눈물 흘리고 공감하는 이야기가 펼쳐집니다. 전국 방방곡곡을 다니며 초등학교 1학년부터 고등학교 3학년까지의 수업 상황 속에서 순간순간 어찌할 줄 몰라 고민하고, 좌절하고 포기하고 싶다는 선생님들의 이야기에 '아, 나도 그런데… 나만 그런게 아니었구나!'라는 생각에 우선 위로와 안심이 되었습니다.

공감하고 웃고 눈물 흘리며 책을 읽다 문득 '책 속에 나오는 선생님들은 이 수업 속의 딜레마 상황을 어떻게 해결했을까?' 혹시 이규철 선생님의 수업코칭을 통해 모든 문제가 해결되었다는 성공 신화로 마무리되지 않을까 하는 우려를 가지게 되었습니다. 다행히 수업 문제를 한 방에 해결하는 신의 한 수와 극적인 성공 신화는 없었습니다. 그저 수업친구로 함께 수업에 참여하고 그들의 고민을 들어주고 스스로 성찰할 수 있게 도움을 준 것, 그것뿐이었습니다. 하지만, 여기에 우리 교육의 문제를 해결하는 실마리가 있습니다.

최근 교육계에서 '관계 중심 교육', '교사도 함께 성장하는 수업', '수평적인 소통' 등의 담론이 떠돌지만 학교 현장에서는 여전히 공허할 뿐이고 교사들의 마음을 울리고 삶을 변화시키지 못하고 있습니다. 이는 이 담론을 말하는 이들이 실제 동료와 함께 수업 속에서 치열하게 고민하며 실천한 경험이 없기 때문입니다. 그런 의미에서 수업에서 흔들리는 교사 곁에 또 한 명의 흔들리는 수업친구로 함께 수업 딜레마 상황에 답을 찾아가는 모습이야말로 우리가 꿈꾸는 교사 공동체의 모델이며 진정한 교육문제의 해결 방안인 것입니다.

이 책의 또 하나의 고마움은 여러 수업 딜레마 상황을 유형화하여 체계적으로 제시함으로 우리가 수업 딜레마 상황에 놓였을 때 이 책을 펼치면 바로 그 상황에 대해 이규철 선생님과 대화하며 답을 찾아갈 수 있다는 것입니다. 이 책 속에 나오는 선생님들이 마냥 부러웠는데 이 분들처럼 시공간을 넘어 이규철 선생님과 수업친구가 될 수 있는 것이죠. 여러분도 이 책을 통해 이규철 선생님과 평생의 수업친구가 되길 바랍니다.

이 책을 쓴 이규철 선생님이 좋은교사운동 수업코칭연구소 소장인 것도 자랑스럽지만, 무엇보다 수업 속에서 흔들리는 동료 교사이면서 수업친구로, 교실에서 아이들과 호흡하는 담임으로 학교 현장을 지키고 있는 것이 무엇보다 자랑스럽습니다.

아무쪼록 많은 선생님들이 수업 속에서 흔들리는 동료 교사와 함께 이 책을 읽고 수업친구가 되어 함께 가르치는 용기를 회복하시길 소망합니다.

좋은교사운동 공동대표

임종화

차 례

저자의 말 / 6
추천사 / 12

1장. 무엇을 가르쳐야 할 것인가? · 19

1. 국어 - 읽기 능력을 가르칠 것인가, 표현하는 능력을 가르칠 것인가? · 21
2. 영어 - 단어(어휘, 문법)를 가르칠 것인가, 맥락을 가르칠 것인가? · 36
3. 수학 - 계산하는 방법을 가르칠 것인가, 생각하는 방법을 가르칠 것인가? · 51
4. 사회 - 사실을 가르칠 것인가, 사실을 파악하는 능력을 가르칠 것인가? · 62
5. 미술, 음악, 예체능 - 기예를 가르칠 것인가, 이해와 해석을 가르칠 것인가? · 72

2장. 학습에 대한 욕구를 어떻게 찾을 것인가? · 89

1. 학생의 지적 발달 수준과 교과과정의 요구가 다를 때 · 91
2. 교과서의 설명이 실생활과 관련이 없을 때 · 101
3. 학생이 교과 자체에 대한 흥미가 없을 때 · 112
4. 학생이 교과 이해에 필요한 기초와 배경 지식이 없을 때 · 125
5. 학생이 수업의 주제와 내용보다는 시험 준비만을 요구할 때 · 136

3장. 개념 이해에 어떻게 도달할 것인가? · 147

1. 일상의 용어로 설명할 것인가, 교과적 용어로 설명할 것인가? · 149
2. 학생 자신의 생각을 이야기하지 않고
　　　　　　교과서나 다른 사람의 생각을 그대로 모방할 때 · 162
3. 교사의 생각이 학생의 생각과 다를 때 · 176
4. 예시할 것인가, 정의할 것인가? · 187
5. 교사의 질문 의도나 맥락에서 학생의 답변이 벗어날 때 · 203

4장. 수업의 규범을 어떻게 세울 것인가? · 211

1. 교사가 말하는데, 계속 끼어드는 아이가 있는 경우 · 213
2. 수업의 주제와 관련 없는 이야기를 하는 경우 · 225
3. 다른 학생의 말이나 발표를 가로채거나 야유하는 경우 · 245
4. 질문하는 학생을 비난하는 경우 · 256

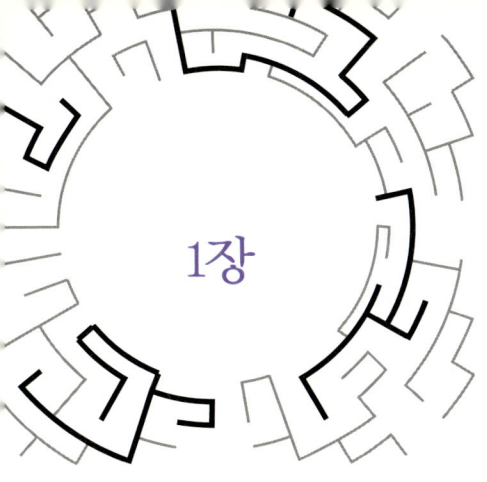

1장 무엇을 가르쳐야 할 것인가?

나는 수업에서 무엇을 가르쳐야 하는가보다는 어떻게 가르쳐야 하는가에 대해 더 많이 고민했었다. 교수학습 방법을 바꾸면 수업을 바꿀 수 있다는 생각에 이곳저곳을 다니면서 좋은 연수를 받곤 했다. 지금도 여전히 연수 갈증을 느끼면서 수업의 허기를 채우고 있는 나를 본다. 그런데 그 허기는 쉽게 채워지지 않았다.

왜 채워지지 않을까 고민하면서 생각을 바꾸기로 작정했다. 이제부터 무엇을 가르쳐야 하는가에 대한 고민을 해볼 생각이다. 그런데 무엇을 가르쳐야 하는가에 대한 문제는 그렇게 간단하지가 않다. 무엇을 가르쳐야 하는가는 교과마다 다르고, 교사마다 각양각색이다. 그 이유는 자신이 배운 대로 가르치려는 교수학습 습관에서 원인을 찾을 수 있다.

경험적인 요인이 영향을 주는 것이다. 교사로 발령을 받고 좌충우돌하면서 몸으로 겪고, 가슴에 새긴 알 수 없는 '신념'이 확고하게 자리 잡고 있다. 그러한 신념들은, 중학교에서 고등학교로 옮기거나 그 반대의 경우, 또는 인문계에서 전문계로 옮기는 경우 서로 다른 환경에 머물면서 획득된 것들이 대부분이다. 물론 그 신념이란 것을 자신이 알아차리는 경우도 있고, 그렇지 못하는 경우도 있다. 신념이 수업에서 드러난 경우도 있고, 숨겨진 경우도 있다. 왜 그것을 선택했느냐고 질문을 하면, 나름대로의 논리가 정연하게 나온다. 왜냐하면 그것은 자신들이 경험한 특수하면서도 보편성을 띤, 체득(體得)된 것이기 때문이다.

그래서 1장에서는 교사들이 경험하고 있는 내용의 교집합을 찾아보기로 한다. 그것이 자신의 이야기이면 공감(共感)을 할 것이고, 감정의 교류도 일어날 것이다. 물론 '나'와는 거리감이 있는 다른 이야기라면 왜 그렇게 생각하는지에 대하여 궁금증을 가지고 관찰을 해야 한다. '다르다'의 사실을 인지하는 것만으로도 놀라운 통찰력이 생기는 것이다.

국어
읽기 능력을 가르칠 것인가, 표현하는 능력을 가르칠 것인가?

학생들이 국어를 배우는 이유는 무엇일까? 국어 교사라면 한 번쯤 질문해 볼 수 있는 과제이다. 학생들은 국어를 배우면서 '무엇이 성장하는가', 그리고 '어떤 것을 배우면 국어 능력이 성장하게 되는가'에 대한 고민을 하게 된다. 이것은 국어과가 존재할 수 있는 근본적인 질문이다. 대학 입시에 국어 영역이 있기 때문에 국어 공부를 해야 하는가? 아니면 모국어이기 때문에 학습을 해야 하는가? 이런 질문을 하는 이유는 그 해답이 학교 현장에서 학생들이 국어를 공부하는 목적과 일치하기 때문이다. 심지어 국어를 반드시 학교에서 배울 필요가 있는지 의심하는 회의론도 존재하고 있다. 이런 고민의 정점에 있는 것이 국어의 내용이다.[1]

글쓴이에게 궁금한 점을 표현하며 읽기

> 사실 읽기 능력을 굳이 가르쳐야 하나 생각한 적도 많이 있었지만 이번 중간고사를 보면서 아이들의 읽기 능력이 매우 부족하다 것을 알았습니다. 교과서의 글을 잘 아는 척 하는 것은 학원에서 이미 들었기 때문이라는 것을 새삼 느꼈다고 할까요. 조금이라도 생소한 글이 나오면 읽으려고 하지를 않아요. 무슨 말인지 모르겠다, 이해 안 된

---
1. 이규철. "국어과 교육과정의 개선방향-영역 통합을 중심으로-". 교육정책포럼. 2010년 제210호

다, 이런 식의 반응을 보이죠. 그나마 설명문이나 논설문은 내용 확인하는 질문을 하면서 읽게 하면 되는데 문학은 또 다른 분야잖아요. 그런데 그것도 읽었는지 안 읽었는지 확인하려고 하다 보니 역시나 내용 확인하는 질문을 던지게 되죠. 문맥으로 분위기를 이해한다든지, 행간을 읽는다든지 이런 건 안 되더라고요. 그런데 지금도 문학 특히 소설은 어떻게 가르쳐야 그런 것들을 읽어낼 수 있게 할지를 모르겠어요. 시험 문제 내야하니 내용 확인에서 끝나게 되고요. 제대로 하려면 소설 하나로 한 달을 수업해도 될 것 같은데 상황이 그렇지가 않더라고요. 표현하는 방법!

역시나 이번 중간고사에 진짜 서술형 문제를 내면서 알게 된 것이 있어요. 애들이 자신의 생각을 표현하지 못해요. 생각은 있는데, 어떻게 표현해야 할 지 잘 모르는 거죠. 완결된 한 문장 쓰는 것도 힘들어하는 것이 눈에 보이더라고요. 서술형 문제에 답 쓰면서도 구어체 작렬하고요. 문장과 문장을 연결하는 것도 쉽지 않고요.

조○○ 선생님(중학교 국어)

국어 교사로서의 고민은 학생들이 읽기 능력이 부족하다는 것이다. 읽기가 안 되는 학생들이 교실 여기저기에 있다. 문학 지문이 나오면 읽기를 어려워하는 학생들이 있다. 시를 어려워한다. 무슨 이야기를 하고 있는지 파악을 할 수 없다고 한다. 그래서 문학이 싫다는 것이다. 그리고 학생들은 시 감상을 어휘 해석하는 것으로 안다. 상징적인 의미를 외우고, 단순화시켜버린다. 그러다 보니 상징적인 의미나 비유적인 의미를 이해하기 위해 끙끙거리면서 해석을 하지만 제대로 감상이 될 리 없다. 시를 깊이 사랑해 본 적이 없는 학생들이 마음으로 시를 읽지 않고, 머리로 읽게 되어 결국은 화석화된 시가 된다. 시 감상에서 문제 풀이가 중심이 되어버린 것이다.

그렇다면 교사는 학생들이 시를 제대로 감상하도록 돕기 위해 무엇을 가르쳐야 하는가? 다음의 시를 살펴보자.

쉽게 씌어진 시

윤동주

창(窓) 밖에 밤비가 속살거려
육첩방(六疊房)은 남의 나라.

시인(詩人)이란 슬픈 천명(天命)인 줄 알면서도
한 줄 시(詩)를 적어 볼까.

땀내와 사랑내 포근히 품긴
보내 주신 학비 봉투(學費封套)를 받아

대학(大學) 노트를 끼고
늙은 교수(敎授)의 강의(講義) 들으러 간다.

생각해 보면 어린 때 동무를
하나, 둘, 죄다 잃어버리고

나는 무얼 바라
나는 다만, 홀로 침전(沈澱)하는 것일까?

인생(人生)은 살기 어렵다는데
시(詩)가 이렇게 쉽게 씌어지는 것은
부끄러운 일이다.

육첩방(六疊房)은 남의 나라
창(窓) 밖에 밤비가 속살거리는데,

등불을 밝혀 어둠을 조금 내몰고,
시대(時代)처럼 올 아침을 기다리는 최후(最後)의 나.

나는 나에게 작은 손을 내밀어
눈물과 위안(慰安)으로 잡는 최초(最初)의 악수(握手).

학생들은 수업 시간에 이렇게 묻는다.
"선생님, '육첩방'이 뭐예요? '속살거리다'의 의미를 모르겠어요."
"한자가 많아요."
"침전(沈澱)이란 무엇인가요?"
교사가 이 질문에 대답을 하다 보면 이미 시를 어떻게 감상해야 하는지를 이야기하기도 전에 힘이 빠진다. 그리고 학생들은 시는 너무 어렵다 한다. 도대체 왜 이렇게 어렵게 쓰는 것인가 하고 따진다. 그러니 국어가 어려워서 공부하기 싫단다. 시를 감상하기보다는 이렇게 잘게 썰어서 암기하려는 학습 습관이 몸에 체득된 것이다. 그리고 교사가 감상한 내용을 이야기해주면 공책에 적을 것이 없다고 아우성이다. 학생들에겐 교사가 시를 요약정리해줘야 시를 공부한 것이 된다. 주제, 소재, 표현상 특징, 시의 내용 구조 등을 칠판에 잘 정리해주는 것이 시를 올바로 감상하는 것이라고 믿고 있다. 이런 학생들은 대개 시를 가슴으로 읽지 않고 머리로 읽어서 문제에서 질문한 유형밖에는 남는 것이 없다. 결국 한 번도 접해보지 못한 시를 만나면 시를 읽을 수가 없다. 이런 학습자에게는 수능 국어 영역 공부를 위한 시만 머리 깊숙이 남아 있게 된다.

그래서 국어 교사는 이런 학습자가 나오게 않게 하기 위해, 시에서 무엇을 가르쳐야 하는가 깊은 고민을 해야 한다.

그러면서 시를 읽는다는 의미는 무엇인가 생각해 봐야 한다. 시를 읽는다는 것은 시인과 대화를 하는 것이다.

"이 시를 썼을 때의 감정이 어떠셨나요?"
"왜 시 제목을 '쉽게 씌어진 시'라고 하셨어요?"
"다른 의미가 있으셨나요?"
"시를 쓰는 것이 왜 부끄럽다고 생각하세요?"
"그 부끄러움의 의미는 무엇인가요?"
"부끄러움을 떨쳐내려면 어떻게 해야 하나요?"
"왜 악수를 하셨나요?"

이 밖에도 궁금한 점이 있다면 의문을 갖고 질문을 던지는 것이다. 이것이 동일한 시대를 살지 않았지만 시대적인 고민을 안고 살았던 시인에 대하여 독자로서의 태도이다. 의문이 없다면 시인을 만날 수 없는 것이다. 그리고 이 시를 배우는 의미가 현재 나에게 어떤 의미를 지니고 있는지 질문을 해야 한다. 그래야 이 시를 제대로 느낄 수가 있는 것이다. 그래서 윤동주가 지녔던 부끄러움과 이 시대를 살아가고 있는 현재의 내가 느끼는 부끄러움이 어떻게 교감되는지, 그리고 무엇이 다른지를 느껴야 될 것이다.

자신의 감정을 표현하고 글쓴이와 비교하기

시를 감상하고는 학생들 자신의 감정을 표현해보도록 해야 한다. 수업 시간에 이렇게 질문을 했다.

"여러분은 언제 부끄러움을 느꼈나요? 그때의 감정은 어떠했지요?"

"옆 짝꿍하고 자신이 겪었던 경험을 이야기해보세요."

학생들은 제법 자신이 겪었던 이야기를 잘 한다.

"계단을 내려가다가 발을 헛짚어서 꽈당 넘어졌습니다. 사람들이 볼까봐 부끄러웠습니다."

"어떤 남자 친구가 저에게 사랑 고백을 했는데 많이 부끄러웠습니다."

학생들은 일상생활에서 느끼는 부끄러웠던 장면에 대해서 이야기를 제법 많이 했다.

왜 그랬을까?

평소에 그렇게 표현하는 것을 어려워하는 학생들이 자신의 사생활까지 언급하면서 이야기를 한 이유는, 그것이 스스로 경험한 것이고, 교사가 수용성을 보여주었기 때문이다. 자신과 가까운 이야기를 잘하는 것이 학생들의 특성이다. 어려운 이야기가 아니라 날 것의 생생한 일상 이야기다. 굳이 꾸밀 필요도 없고 덧대거나 해서 어렵게 만들지 않는다. 다만 다른 것은 시인이 느낀 부끄러움과 아이들이 느낀 부끄러움은 범주가 다를 뿐 정서는 동일하다고 볼 수 있다. 해야만 했는데 하지 못해서 느끼는 부끄러움과 하지 말아야 했는데 했기 때문에 느끼는 부끄러움의 차이가 있을 뿐이다.

만약 학생들이 부끄러움을 느꼈던 자신의 경험을 이야기할 기회를 갖지 못한 채 시인이 느낀 부끄러움에 대해서만 교사가 이야기를 했다면 어떠했을까? 아마도 교사가 해석해준 시인의 부끄러움만 남고, 학생들 자신의 이야기는 개입되지 않았을 것이다. 그리고 자신이 경험한 부끄러움을 꺼내서 연결시키지 못하고 없어졌을 것이다. 결국은 '시인'과 '나'는 시대적인 벽을 넘지 못하고 만나지 못하게 되었을 것이다. 그나마 자신의 경험을 연결해서 말할 수 있는 질문에 대한 응답을 통해 표현할 수 있었다. 그렇다면 표현은 시를 감상할 수 있는 통로가 되는 것이다. 문제는 교사가 학생들이 표현을 할 수 있게 도와줄 수 있는가에 달려 있다.

규원가

허난설헌

찰하리 잠을 드러 꿈의나 보려하니,
바람의 디난 잎과 풀 속에 우는 즘생,
무스 일 원수로서 잠조차 깨오난다.
천상(天上)의 견우(牽牛) 직녀(織女) 은하수(銀河水)막혀서도,
칠월칠석(七月七夕) 일년일도(一年一度) 실기(失期)조차 끈쳤는고.
난간(欄干)의 비겨 서서 님 가신 데 바라보니,
초로(草露)는 맺쳐 있고 모운(暮雲)이 디나갈 제
죽림(竹林) 푸른 곳에 새소리 더욱 설다.
세상의 서룬 사람 수업다 하려리와,
박명(薄命)한 홍안(紅顔)이야 날 같은 이 또 이실가.
(후략)

위 작품은 고전 문학 작품이다. 학생들이 싫어한다. 이유는 여러 가지다. '어려운 한자가 많이 나온다.' '뜻을 알 수 없는 어휘가 많다.' '이걸 왜 배워야 하는지 모르겠다.' 이 작품을 가르쳐 본 경험이 있는 국어 교사라면 수능에 나오는 단골손님이라서 열심히 가르쳤던 경험이 있을 것이다. 그리고 정작 이 작품에 나타난 시적 정황을 학생들에게 표현해보라 하면 학생들은 난감하게 반응을 한다. 무슨 이야기인 줄 아는 것도 어려운데, 시적 상황을 표현해보라면 망막해진다.

이런 경우를 만나면 어느 교사이든 난감하기 마련이다. 그래서 먼저 어려운 어휘를 해석해준다. '디난'은 떨어진다는 뜻이고, '초로'는 풀잎에 맺힌 이슬이다. '홍안'은 붉은 얼굴, 즉 젊은 아름다운 얼굴을 의미하는 것이라고 힘주어 이야기를 한다. 학생은 빼곡히 노트에 필기를 하면서 암기를 한다. 그것도 빨간 밑줄을 치면서 중요한 표시를 해 둔다. 사실 학생들에게는 고전은 '외계어'이다. 우선 읽기가 녹록치 않기 때문이다. 자주 접해보지 못한 선인들의 노래를 읽으니 당연히 어려운 것이다. 노래방에 가서 좋아하는 노래의 가사를 읽는다고 생각해보라. 재미도 없고 의미도 생기지 않는다. 그래서 오히려 고전 시가를 노래라고 생각하고 운율에 맞춰서 읊조려보자. 왜냐하면 고전 시가는 옛 노래이기 때문이다. 4.4조의 가사이다. 그렇게 흥얼거리며 리듬을 타다 보면 어느 새 입에서 되뇌는 노래를 들을 수 있다.

　고전의 의미는 현대에 적용될 때 새롭게 보인다. 작가가 느끼는 시적 상황이나 현대인이 느끼는 상황은 유사할 수 있다. 시적 상황을 고려해볼 때, 〈규원가〉의 시적(詩的) 화자(話者)에게 들려줄 노래로 적합한 것을 찾아서 표현하게 해주자.

　　　　　　　　너를 사랑하고도

　　　　　　　　　　　　　　　　　　　　　전유나

　　너를 사랑하고도 늘 외로운 나는/
　　가눌 수 없는 슬픔에 목이 매이고/

어두운 방구석에 꼬마인형처럼/
멍한 눈 들어 창밖을 바라만보네/
너를 처음 보았던 그 느낌 그대로/
내 가슴속에 머물길 원했었지만/
서로 다른 사랑을 꿈꾸었었기에/
난 너의 마음가까이 갈 수 없었네/
저 산 하늘 노을은 항상 나의 창에/
붉은 입술을 부딪쳐서 검게 멍들고/
멀어지는 그대와 나의 슬픈 사랑은/
초라한 모습 감추며 돌아서는데/
이젠 더 이상 슬픔은 없어/
너의 마음을 이젠 난 알아/
사랑했다는 그 말 난 싫어/
마지막까지 웃음을 보여줘/

    고전 시가 작품과 대중가요가 만났다. 외로움의 처지는 시대를 초월한다. 단지 표현하는 방법이 다를 뿐이다. 학생들은 다르게 표현한다. 그들만의 방식으로 표현할 수 있다. 어려운 고전 시가 작품이지만 학생들은 대중가요로 시적 상황을 교감하고 만화로 표현할 수 있다. 정서는 동일하지만 시대에 따라 표현하는 도구가 달라질 뿐이다. 그것이, 문학 작품을 학생들이 이해하는 방식이고, 감상하는 방법이다.

교사는 아이들에게 생각하는 능력을 가르쳐야 한다

저는 우선 믿음을 가르쳐야 한다는 생각이 들었습니다. 선한 국어 사용을 통해 세상을 바르게 바라보고 판단하며 소통하고 선한 영향력을 끼칠 때 세상이 바르게 바뀔 것이라는 기대와 믿음을 가르치지 않으면 국어에 대한 적극적이고 내면적인 배움은 일어나지 않는다는 생각이 들었어요.

또 국어는 크게 세 가지 영역의 '훈련'이라고 생각합니다.
첫째, 생각하다. ① 선한 가치관을 가지고 세상을 바라보기, 비판점 찾기 ② 관찰하고 느낀 것을 통해 상대방(문학적 인물)과 공감하기 ③ 읽은 지식과 사건에 대해 내 생각에 비교해보고 덧붙여보기 ④ 선한 가치관과 그것에 따라 변화하는 영향력 상상하기 ⑤ 창의적으로 새롭게 발상하기(새로운 표현, 새로운 관점 연습)

둘째, 말하다. ① 자신의 생각을 다른 이가 공감할 수 있도록 구체적으로 말하기 (주장하는 표현을 통해서는 공동의 선을 같이 느낄 수 있도록, 문학적 표현을 통해서는 나의 감정을 상대가 느낄 수 있도록) ② 상대방의 말을 듣고 바르게 대답하기 ③ 토의, 토론의 생활 장면에서 수용하며 이야기하기

셋째, 쓰다. ① 읽는 이에 맞추어 공감할 수 있도록 쓰기 ② 자신의 말과 생각을 글로 옮겨 놓고 논리적으로, 구체적으로 완결되도록 고쳐 쓰기 ③ 타인의 글이나 매체(생각을 전달하는 것)에 자신의 생각을 덧붙여보기

결론적으로 저는 국어란 세상을 바꿀 수 있다는 믿음으로

시작하여 자신의 가치관을 정립하고 그것을 언어를 통해 표현하여 선한 영향력을 끼치는 것이라고 생각합니다. 고로 국어는 표현과 읽는 방법이 아니라 오히려 생각하는 방법을 훈련하는 것이 중심이라고 생각하고 있습니다.

김○○ 선생님(중학교 국어)

국어교육의 목적을 생각해보는 대목이다. 왜 국어를 가르쳐야 하는가에 대한 교사의 신념에 따라서 교실 현장에서의 국어교육은 달라질 수 있다. 선한 국어 사용을 통해서 선한 영향력을 끼칠 때 세상이 바뀔 수 있다는 가르침에 대한 신념이 없다면 내면적인 배움이 일어나지 않을 것이다.

그렇다면 어떤 훈련이 필요할까? 문학 작품에 나오는 인물의 생각이나 감정에 공감하는 것이다. 예컨대 이효석의 '메밀꽃필무렵'에 나오는 등장인물 중 하나인 동이의 마음속 감정을 알아차리는 것이다. 아버지가 누구인지도 모른 채 청소년기를 지나온 동이에게 아버지란 어떤 존재인가, 그리고 허생원에게 아들을 찾는 것은 어떤 의미인가, 과연 어떤 감정을 가지고 있으며, 둘이 서로 두 의자[2]에 앉아서 이야기를 주고받는다면 무슨 대화를 할까, 만약 내가 동이라면 허생원을 아버지로 받아들일 수 있을까, 이렇게 질문을 던지며 문학작품을 바탕으로 자신의 생각을 보태고 비교해볼 수 있다.

우리는 살다보면 자신의 생각을 다른 이가 공감할 수 있도록 구

---

2. 두 의자 상담 기법은 게슈탈트 심리학에서 주로 사용한다.

체적으로 말해야 하는 경우가 비일비재하다. 요즘 아이들이 국어를 싫어하는 경향이 생기고 있다. 그런 아이들을 가르치는 선생님은 교실에서 더욱 외로워진다. '내가 왜 이 일을 하고 있을까' 마음이 무겁다. 이런 경우에 어떤 말로 공감을 해줄 수 있겠는가. 더욱 힘든 일이 있으니 참으라고 말할 것인가. 아니면 "시간이 해결해 줄 것이다. 선생님이 혹시 문제가 있어서 이와 같은 상황이 생겼다."고 말해 줄 것인가. 여러분은 이럴 경우 어느 이야기에 공감하는가? 말해보자. 쉽지 않을 것이다. 공감은 다른 사람과 같은 자리에 서 있는 것이다. "선생님 힘드시죠. 선생님의 안타까운 마음이 느껴져요. 아이들 때문에 속상하고, 국어를 가르치는 것이 어려우시죠. 지금도 잘 하고 있어요. 선생님의 국어 사랑이 느껴지기 때문에 아이들이 그 마음을 알아차릴 겁니다."

쓴다는 것은 의미를 재구조화하는 작업이다. 타인의 글이나 매체에 자신의 생각을 덧붙여 쓰는 작업을 통해서 자신의 생각이 논리적으로 표현될 수 있으며, 상대방의 생각을 변화시킬 수 있다. 다음 내용은 학생이 수업을 듣고 쓴 수업 일지이다.

고등학교 1학년 학생의 국어 수업 일지

　　고1 학생이지만 제법 수업 시간에 배운 것을 자기화해서 표현하려고 애쓴 흔적이 보인다. 수업에서 배운다는 의미는 무엇인가를 알 수 있다. 교사가 가르친 것과 아이들 배움 사이에 어떤 차이가 있는지를 알 수 있다. 수업일지는 자신의 의미 있는 배움을 쓴 글이다. 타인의 글에 대한 자신의 생각을 표현한 것이다.

　　그렇다면 국어교육에서 지향해야 할 의미 있는 배움은 무엇인가? 그것은 생각하는 힘을 길러야 하는 것이다. 읽는 힘과 표현하는 힘을 길러서 무엇을 하겠는가? 바로 생각하는 힘을 키워야 하는 것이다.

언어를 통해 올바로 생각하는 힘을 기르는 것[3]이 국어 교사의 신념이 될 때 국어를 왜 가르치고, 학생들은 국어를 왜 배우는지에 대한 답을 찾을 수 있다. 국어 교사가 다른 과목 교사와 다른 점이 무엇인가에 대하여 질문할 때 머뭇거림 없이 말할 수 있는 근거는 바로 언어를 통해 생각하는 힘을 기른다는 점에 있다.

세상의 정보를 올바로 읽어내는 것이 사실적인 사고력이다. 제대로 글을 읽어야 어떤 내용이 있는지, 무엇을 말하고 있는지를 파악할 수 있다. 정확히 읽는 것이 국어교육의 첫걸음이다. 그리고 행간의 의미를 찾아내서 볼 수 있는 추론적인 사고력이 필요하다. 글은 드러내는 것보다 드러내지 않는 부분이 많다. 숨긴다는 것은 독자에게 생각할 기회를 더 주는 것이다. 다양한 생각의 날개가 펼쳐질 때 글을 읽는 의미를 새롭게 인식할 수 있다. 숨겨진 보화를 찾아내는 기쁨을 맛본 자에게 어떤 글도 읽어내는 능력이 생기는 것이다. 그런데 모든 글과 말이 모두 진실은 아닐 수 있다. 그래서 거짓과 참을 구분하며, 보이는 모든 것이 진실이 아닐 수 있다는 것을 생각할 때 비판적인 사고력이 길러지는 것이다. 그리고 이러한 사고력을 바탕으로 해서 창의적인 사고력을 키워내는 것이 국어교육의 목적이 되어야 한다.

---

3. 국어교육과 사고의 관계를 좀 더 공부하고 싶은 분은 『국어교육학과 사고』(이삼형 외, 역락, 2007)를 살펴보시면 된다. 사고를 인지 중심적 사고와 정의 중심적 사고로 나눠서 설명하고 있다. 인지 중심적 사고는 명료화하기, 상세화하기, 객관화하기, 주체화하기의 단계를 따르고, 정의 중심적 사고는 알기, 따지기, 느끼기, 즐기기의 단계를 따른다.

영어
단어(어휘, 문법)를 가르칠 것인가, 맥락을 가르칠 것인가?

영어 교육은 지금까지 단어와 문법을 중시해 왔어요. 그 이유는 한국적 상황에서 영어는 잘 쓰이지 않고 단지 미래를 위해 준비하는 측면이 강하기 때문이지요. 따라서 영어를 이해하고 해석하는 데 목적을 두고 가르쳐왔어요. 그래서 단어와 문법은 해석을 위해서 가장 필요한 것이기 때문에 중점적으로 가르쳐왔던 것이지요. 하지만 이런 방법의 단점은 영어가 성적에만 쓰이고 영어 해석에 크게 도움을 주지 못하고 있다는 데 있어요. 왜냐하면 단어와 문법은 암기 위주의 방법인데다가 무척 어렵기까지 합니다. 문법은 배워도 이해가 잘 되지 않고 문법을 배운다고 독해에 도움이 되기보다 문법 시험을 푸는 데에 도움이 돼요. 문법 위주로 가르치기 때문에 문법 시험 위주로 가르치는 경향이 강합니다.

남○○ 선생님(중학교 영어)

제가 3수를 했어요. 원래 영어 등급이 6등급이었지요. 그래서 다짐을 하고 하루에 30개씩 단어를 외웠습니다. 그랬더니 4등급 정도 올라가더군요. 역시 단어를 외워야 하는구나 하는 생각이 들었습니다. 그런 후에는 하루에 50개씩 외우고 그랬지요. 그랬더니 등급이 2등급까지 상승했어요. 역시 영어 성적을 올리는 데는 단어 공부가 최고입니다.

고교 졸업생이 후배들에게 알려준 영어 등급 올리기 비법

학생들이 터득한 영어 성적의 비법은 곧잘 수업 시간에도 볼 수 있다. 칠판에는 어려운 어휘들이 가득히 적혀 있다. 그리고 옆에는 자세한 뜻풀이가 되어 있다. 학생들의 교과서를 보면 어려운 단어나 중요한 단어에 해석을 써 놓고 외우고 있다. 본문을 독해하는 시간에도 어김없이 어휘에 대한 설명은 빼놓지 않는다. 어휘를 아는 것은 영어 시험에서 좋은 성적을 내기 위한 선택이기 때문이다. 시험을 위한 영어 수업에서는 어휘와 문법은 필수적인 요소이다. 그렇다고 해서 영어 해석을 잘하기 위해서 어휘와 문법을 중요시하는 것이 아니라, 단지 영어 시험을 위해서이다.

그런데 이러한 수업은 매우 어렵다. 암기를 해야 하기 때문이다. 학습자들도 어휘를 외우는 것을 현실적으로 매우 힘들어한다. 단어장을 치장한 유인물들이 학생들 손에 들려 있지만 하루에 몇 십 개씩 외우는 것은 어려운 일이다. 그 이유는 단순 암기이기 때문이다. 그러나 막상 어휘와 문법을 익히지 않고, 의사소통을 할 수 있을까?

저는 이 질문의 답은 선택의 문제라기보다는 단계의 문제라고 생각합니다. 어느 영어 선생님도 언어의 근본적인 '소통'을 접어두고 어휘만, 또는 문법만 가르쳐야 한다는 입장은 아니라고 생각해요. 궁극적으로 문맥 속의 행간을 읽어내 작가나 말하는 사람과 '소통'하는 것을 목표로 하고 이를 위해 단계적으로 필요한 어휘나 문법을 가르치는 것이라고 생각합니다. 물론 현재의 '수능 입시 대비 영어 수업'에서는 더더욱이나 문맥이나 의미 보다는 지엽적인 부분에 몰입하는 수업을 많이 하기는 하지만 말이죠.

이○○ 선생님(고등학교 영어)

어휘와 문법 수업은 의사소통을 원활하게 하기 위한 기초적인 학습이다. 이 단계에서 학습이 이뤄지지 않으면 소통에 어려움을 겪을 수 있다. 창의적인 의사소통을 하기 위한 단계로 어휘와 문법 수업은 필수적이다. 어휘가 풍부하다는 것은 의사소통에서 선택의 폭이 넓어진다는 의미이다. 똑같은 이야기를 해도 어휘의 빈도수와 쓰임새를 적용하면 질 높은 대화를 할 수 있고, 다양한 표현을 구사할 수 있기 때문이다. 문법을 배우는 목적도 언중들 사이의 약속을 기반으로 의사소통을 원활하게 하기 위한 절차를 익히는 것이기 때문이다. 사회적 약속인 문법을 잘 지킬 때 의사소통이 원활하게 될 수 있으며, 어떤 문제가 생겨도 해결 방안에 대한 대안과 전략을 가지고 있는 것이다. 원칙을 정해 놓으면 모두에게 편리성과 효율성을 가져다 줄 수 있기 때문이다.

한편 수능 준비를 위하여 가르치고 있는 김 선생님의 고민을 다음에서 엿볼 수 있다.

중학교에서 15년간 학생들을 가르치다 고등학교 학생들을 가르친 지 4년 정도 밖에 되지 않았지만, 제 나름대로의 노하우로 수능 위주의 영어 교육에 초점을 두고 학생들을 지도하고 있어요. 우선 영어가 잘되지 않는 학생들은 크게 세 부류로 나뉘어져 있습니다.

첫 번째 부류의 원인(cause)은 단어를 몰라 해석을 할 수 없는 것이고, 해결 방안(solution)은 단어를 많이 외어야 한다는 것입니다.

두 번째 부류의 원인(cause)은 단어는 알지만 해석이 어려운 것이고, 해결 방안(solution)은 구문독해와 어법을 충실히 공부해야 하는 것입니다. 예를 들어 다음과 같은 문장이 있을 경우 밑줄 친 단어가 선행사를 수식하는 구조를 이루게 되지요. 이를 문법 용어로 '분사'라 하는데 대부분의 학생들은 이를 무시하고 해석을 해버려서 제대로 된 해석이 되지 않아요.

예) For example

recent research / conducted by a tourism project in
　　　선행사
Greece indicated

that 84 percent of tourists / purchasing souvenirs in
　　　　　　　　　　　선행사
rural regions had bought food or drink.

세 번째 부류의 원인(cause)은 단어도 되고 해석도 되지만 모의고사에서 한 두 개의 오답을 내는 경우들입니다. 대체로 외국에서 공부한 학생들이 이 세 번째 사례에 속하며 학생들이 논리력, 사고력이 부족하고 출제자의 의도를 파악하지 못한 것으로 해결 방안(solution)은 학생들이 개인의 부족한 부분을 훈련해야 하는 것이지요.

김○○(고등학교 영어)

중학교에서 오랜 기간 영어 수업을 하다가 고등학교에서 영어를 가르치면서 김 선생님은 대학 입시 현실을 무시할 수 없었고, 학생들이 각 단계를 통과할 때 수능 영어에서 좋은 등급을 얻을 수 있다는 것을 파악하고 있다. 이것은 단계적 접근인데, 단어의 뜻을 알지 못하는 경우와 어법과 구문독해를 못하는 경우로 해석이 안 되는 원인을 분석하고 해결 방안을 제시한다. 이 단계를 거친 아이들은 중급의 영어를 구사할 수 있게 된다. 물론 기초 단계의 학생들은 이것을 하지 못하는 학생들이다. 김 선생님의 경우에는 수능 영어 공부를 어떻게 접근해야 하는가에 대한 고민과 해결 방안을 제시하고 있다. 영어 시험을 위한 교수학습 방법이지만 단계를 밟지 않아서 생기는 문제점을 세부적으로 파헤치고 있다. 영어 시험에 있어서도 어휘와 문법이 중요하듯이 의사소통에 있어서도 중핵적인 부분이다.

이런 점에서 어휘와 문법 수업은 의사소통의 기본적이면서 핵심적인 요소라는 사실에 대하여 인정할 수 있다. 그런데 이러한 목적을 도외시한 채 목적전치(目的前置) 현상이 나타난다.

> 물론 단어와 문법은 매우 중요해요. 단어를 많이 알고 있는 사람과 그렇지 못한 사람은 영어 이해 속도가 다르고 문법을 잘 알고 있는 사람이 자연스럽게 영어를 구사할 수 있는 능력을 갖게 됩니다. 하지만 단어와 문법이 중요한 것과 단어와 문법을 중점적으로 가르친다는 것은 다르지요. 중요하다고 거기에 중점을 두고 가르치게 되면 교

수는 평가와 직결되기 때문에 단어와 문법을 배우는 본 목적은 잃어버리고 부수적인 목적이 더 중요해집니다. 즉, 영어를 시험 성적과 결부시켜 시험을 잘 보면 영어를 잘 하는 것으로 인식하게 되는 결과를 낳게 됩니다. 영어를 시험으로 인식하게 되면 죽은 영어가 되고 언어로 인식하면 살아있는 영어가 됩니다.

남○○ 선생님(중학교 영어)

어휘와 문법 수업은 중요하다. 하지만 평가를 목적으로 했을 때는 이야기가 달라진다. 평가를 위한 어휘와 문법 수업으로 전락할 수 있기 때문이다. 시험을 잘 보기 위한 어휘와 문법 수업이 되었기 때문에, 시험에서 좋은 성적을 얻기 위한 고육책으로 어휘와 문법 수업을 하는 것이 된다. 시험 보기 위한 영어는 살아 있는 영어가 아니라 죽은 영어로, 의사소통과는 전혀 관계가 없는 것이 된다. 언어가 도구가 되었을 때 사람들이 필요로 하고 사용이 빈번하지, 시험을 위한 도구가 되었을 때 누구도 그것을 사용하지 않을 것이다.

맥락을 통해 영어를 배우도록 가르치기

맥락을 중심으로 가르치는 수업을 보자. 덴마크 영어 수업에서 맥락을 다루는 영어 수업을 참관하게 되었다. 수업 참관은 9학년 영어 수업이었다. 우리나라 중학교 3학년에 해당된다. 에드거 앨런 포(Edgar Allan Poe)의 에세이를 읽고 함께 토론을 해보는 수업이었다.

교사는 유인물을 나눠준다. 학생들은 모둠을 구성한 후에 글을 함께 읽는다. 이때 사전이나 인터넷을 사용하지 않는다. 교실에 있거나 아니면 다른 곳에 가서 모둠별로 글을 읽는 것이다. 중요한 것은 학생들이 글을 읽으면서 어려운 단어나 어휘가 나오면 서로 의논하고 이야기를 통하여 단어와 어휘의 의미를 추론하는 것이다. 모둠에서 한 명씩 돌아가며 읽으면서 맥락을 중심으로 글의 내용을 파악한다. 외부의 도움을 받지 않는다. 교사의 개입도 없다. 모둠 내에서 스스로 학생들은 전체적인 글의 맥락을 익히는 학습을 한다.

20분 동안의 모둠 활동이 끝나면 다시 교실로 들어온다. 선생님은 글을 처음부터 한 명씩 돌아가면서 읽게 한 후에 단어의 의미를 질문한다. 핵심적인 내용을 다룬 어휘를 질문해서 글의 흐름을 깨우치게 하는 교수 방법을 사용한다. 교사는 20여 명의 학생들 모두에게 차례차례 질문을 던졌다. 그리고 한 명씩 글을 읽게 했다. 질문에 답하고 다시 읽고 하는 분위기 속에서 못한다고 포기하거나 미루는 학생들이 없었고, 모두 적극적으로 참여했다. 그런데 아이들의 분위기는 자연스러웠다. 휴대폰을 하는 학생들도 있고, 자는 아이들도 있고, 딴 짓을 하는 아이들도 있었는데, 교사가 통제를 하지 않고 학생들이 간혹 떠들면 '쉿'하고 계속해서 아이들에게 주의를 주는 정도였다.

덴마크 Bordings skole 9학년 학생들의 영어 수업 학습 장면

수업이 끝난 후에 몇 명의 학생들과 인터뷰를 시도했다. 남학생 미테우스에게 수업에서 배운 것이 무엇인가, 수업 시간 학습할 때 어려운 점은 없는가, 선생님의 가르치는 방식에 만족하는가 등을 질문했다. 수업에서 배우는 것은 글을 읽는 방법과 친구들과 이야기해서 문제를 해결하는 것이고, 선생님의 가르치는 방법에 만족스럽다는 대답을 들을 수 있었다.

이러한 방법은 비단 덴마크에서만 실시되는 영어교육법이 아니다. 중학교에서 영어를 가르치는 남 선생님의 경우에도 맥락을 중요하게 생각한다.

> 살아있는 영어를 가르치기 위해서는 맥락이 필요합니다. 단어를 공부해도 단어가 어떤 상황에서 어떤 의미

로 쓰이는가를 아는 것이 단어 자체의 뜻을 아는 것보다 더 중요하지요. 영어는 우리말과 달라서 formal한 상황과 informal한 상황에서 쓰이는 단어와 표현이 다르지요. formal한 상황이란 연설을 한다든지 남들 앞에서 발표를 하는 상황이나 격식을 차리고 이야기해야 하는 상황을 뜻합니다. formal한 상황에서 친구끼리 사용하는 단어를 쓰면 무식한 사람 취급을 받게 됩니다. 그리고 뜻이 같다고 같은 상황에서 쓰이지 않기 때문에 단어는 반드시 맥락을 함께 가르쳐야 해요. 단어를 맥락과 함께 가르치기 위해서는 영영사전을 참고하여 영영식 풀이를 통해 공부하는 방법이 있고, 또 다른 하나는 cloze test가 있습니다. 이 test는 몇 번째마다 단어에 빈칸을 두고 이를 적절한 단어로 채우는 방식인데, 맥락을 파악할 수 있는 능력을 키우는 데 정말 효과적이지요.

문법도 맥락과 함께 가르쳐야 합니다. 문법 시험을 잘 보기 위한 문법은 단편적 지식에 불과하지요. 이런 지식을 갖고 있어도 정작 독해를 잘 하거나 글을 잘 쓰는 데에는 도움이 되지 않아요. 특히 쓰기에서 오류는 문법을 가르친다고 수정되지 않습니다. 이를 반복적으로 가르치고 짚어주어야 해요. 중학교 학생에게서 가장 빈번한 오류는 be동사입니다. 다른 동사가 분명히 쓰이는 곳에서도 be동사를 사용합니다. 이럴 때는 문법보다는 be동사가 어떻게 사용되는지 많은 실례를 통해 보여주고 연습해 보도록 해야 합니다. 또한 문법을 배우면 반드시 영작을 해야 합니다. 문법은 복잡하고 어려운 것으로 인식하기 때문에 실제로 어떤 상황에서 쓰이는지와 연결되어야 의미가 있지요. 결론은, 단어와 문법은 여전히 중요하다, 하지만 독립적으로 가르치지 말고 맥락 속에서 가르쳐야 합니다.

남○○ 선생님(중학교 영어)

살아 있는 영어가 되기 위해서는 맥락을 중심으로 가르쳐야 한다. 어휘를 정의적 의미로 아는 것도 중요하지만, 어휘가 어떤 상황 속에서 어떻게 사용되는가를 아는 것이 의사소통을 원활하게 하는 방법이다. 이런 방법으로 cloze test가 있다. 이것은 빈칸 메우기이다.

첫째, 규칙적으로 n번째 단어를 비워두는 방법이 있다. 개방형 빈칸 메우기로 보통은 5~10번째 이내에서 단어를 삭제하는 것이 유용성 측면에서 정확하다고 볼 수 있다.

> Jeju Island used to (be) known mostly for the (strong) ocean winds that sweep (across) it, the unique stones (found) there and the character (of) its women.
>
> Korea times 2013-08-28

둘째, 불규칙적으로 단어를 비워두는 방법이 있다. 변형 규칙 메우기인데, 어휘에서 자음이나 모음을 하나만 남기거나 마지막이나 처음 문자만 남길 수 있다.

Maybe that was how it was about 15 years ago, when I first (a_____) to climb Mt. Halla. Strong winds and a steep challenged my (_____t) but the memory of that climb (__m___) fresh in my mind along with the tales of "hanyeo" or sea women and the black stones that walled the gates to Jeju homes.

정답 : attempted, ascent, remains

Korea times 2013-08-28

이렇게 된다면 맥락 중심으로 영어 수업을 해야 하는데, 초등학교에서는 어떤 영어 수업 딜레마가 있지 알아보자.

저는 어느 한 가지를 꼭 찍어 선택하기 힘드네요. 학습자에 따라 다르기 때문에 … 초보냐 아니냐, 어린이냐 성인이냐에 따라 우선순위가 다르고 효과 또한 차이가 있어요. 초등의 경우 '맥락'이라는 걸 가르칠 수준이 안 되어 논의 자체가 필요 없고, 문법은 언급하지 않으며, 영어에 대한 흥미유발과 기본적인 의사소통 능력 습득이 학습목표이지요. 하지만 단순 단어 지도는 의미가 없고, 요즘은 학생들에게 의미 있는 단어 지도가 되어야 하므로 생활 속에서 접하거나 간단한 동화책 속에서 학생들이 알고 싶어 하는 내용으로 지도하는 것이 바람직하다고 생각합니다. 이것을 '맥락'으로 친다면, 성인의 경우 문법이나 어휘 지도할 때 습득이 빠른 장점이 있으나 맥락 또한 무시할 수 없으므로 병행해야 합니다. 따라서 '무엇을 가르쳐야 할 것인가?'라고 묻는다면 학습자에 따라 총체적으로 '다' 가르쳐야 한다고 생각합니다.

황○○ 선생님(초등 영어 전담)

요즘 초등학교에서조차 단순한 단어나 문법 지도를 하지 않는다. 생활 속에서 끌어낸 어휘 지도를 한다. 초등학교 4학년 아이들도 자연스럽게 선생님의 안내에 따라서 영어 수업에 들어간다. 아이들은 굳이 red, crayon, dress, shoes, socks를 따로 외우지 않아도 된다. 아이들은 맥락 속에서 자연스럽게 어휘를 습득하게 된다. 독립적으로 어렵게 외운 어휘보다 맥락에서 의미 중심으로 얻은 것을 더 잘 활용한다. 물론 중고등학생들의 경우에도 다르지 않다. 그런 점에서 본다면 통합적인 관점에서 접근하는 것이 더 타당하다. 우선순위의 문제이기보다는 학습자에 따라서 위계를 정해서 가르치는 것이 영어 수업의 왕도(王道)라고 볼 수 있겠다.

이렇게 된다면 영어를 가르치는 목적에 대해서 다시 한 번 생각을 해봐야 하는 것이 아닐까?

영어는 언어이기 때문에 적합한 의사소통 능력과 창의적인 언어 사용 능력이 목표가 되어야 한다고 생각합니다. 그런 의미에서 단어와 맥락의 중요성이 강조되는 것 같아요. 상대방의 말에서 그 의미에 귀 기울여주고 그 맥락을 파악할 수 있는 것은 그 사람과의 의사소통을 가능하게 하며 단어의 학습을 통해 상황에 알맞은 창의적인 언어 표현을 할 수 있도록 도울 수 있겠지요. 영어 자체에 대한

지식과 이해 측면보다 중요한 것이 도구교과로서의 특성이라고 생각합니다. 내가 청자라면 화자에 대한 관심과 그 문화에 대한 관심이 선행되어야 하고 그를 원활하게 하기 위해, 자신과 상대방을 자라게 하고 세우기 위해 영어를 익히고 배우는 것이라고 생각합니다.

김○○ 선생님(초등 영어 전담)

의미를 나르는 도구로서 영어를 가르쳐야 한다

어휘와 문법 수업이나 맥락을 중요하게 생각하는 영어 수업에서 놓치지 말아야 하는 것은 상대방과 대화를 하기 위하여 어떤 적절한 도구를 사용할 것인가이다. 영어는 언어이다. 언어는 화자와 청자 사이의 의미를 실어 나르는 도구이다. 어휘는 화자와 청자가 대화를 할 때 창의적이고 풍부한 표현을 할 수 있도록 도와주는 기능을 한다. 어휘를 많이 알고 있는 화자는 단어 선택의 기회를 많이 가질 수 있어서 청자에게 다양하고 수준 높은 대화에 참여하도록 해줄 수 있다. 문법은 공식적인 자리에서 더 빛난다. 격식 있는 언어생활을 하려면 문법을 잘 알아야 한다. 발음이 좋지 않아도 정확한 영어를 사용하면 외국인들은 알아듣는다. 발음의 유창함이 아니라 언어의 규칙을 존중한 정확한 영어 사용이 화자의 품격을 높이는 것이다.

그러나 때때로 상황에 맞춰서 이해를 해야 하는 경우도 있다. 나무만 보면 전체 숲을 보지 못한다. 숲을 볼 줄 알면 그 속에 있

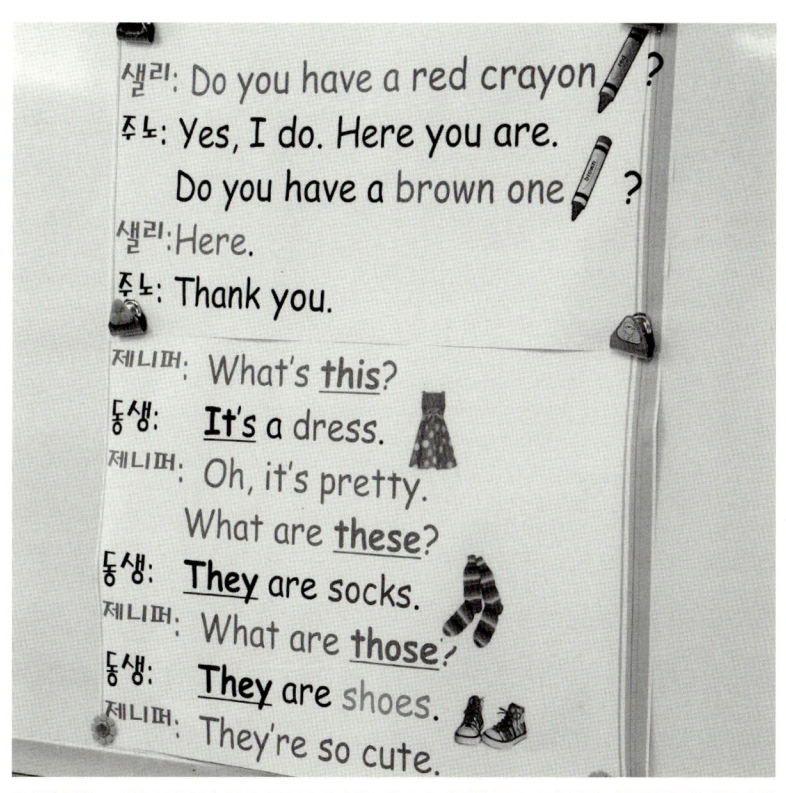

창신초등학교 4학년 김소진 선생님의 영어 수업. 영어의 맥락을 중요하게 생각, 통문장을 학생들이 학습할 수 있도록 수업을 디자인했다. 학생이 단어의 의미를 알 수 있도록 그림을 그려 넣었다.

는 사물들을 생각해낼 수 있다. 잘 알지 못하는 생소한 어휘가 나와도 앞뒤 맥락을 통한 이해가 가능하다. 모든 어휘를 다 알아야 할 필요는 없다. 무엇을 이야기하고자 하는지 그 내용을 인지하고 있으면 대화가 가능하고, 상대방에 대해서 경청하는 자세가 생기는 것이다.

중요한 것은 영어의 어휘와 문법 그리고 맥락에 대해서 왜 가르치는가이다. 이 질문에 대한 답변을 해보고 교실로 향하자. 답안은 멀리 있지 않고 가장 가까운 내 안에 있을 수 있다. 그리고 그 질문의 답에 대한 궁금증이 자꾸 생길수록 '나'는 영어 수업의 정도(正道)를 걸어가고 있다고 생각해도 좋을 것이다.

수학
계산하는 방법을 가르칠 것인가, 생각하는 방법을 가르칠 것인가?

계산하는 것은 알고리즘[4] 위주를 말하고 생각하는 방법은 개념 위주를 말하는 것이라고 할 수 있는데, 수학에서는 이 두 가지가 동시에 중요합니다. 단 순서에 있어서는 개념을 먼저 익혀야만 알고리즘에 대한 전략을 학생 스스로 만들고 사용함에 있어 수학적으로 의미가 있기 때문에 왜 해야 하는가, 즉 생각하는 방법에 대해 먼저 가르치고 이를 인지한 다음에는 알고리즘을 익혀 반복하여 익숙하게 하는 방법이 필요합니다. 계산하는 것과 생각하는 방법을 가르치는 것은 수학에서 양 날개에 해당한다. 이것이 제 결론입니다.

이○○ 선생님(초등학교)

저요, 이미 초등학교 4학년 때부터 '수포자'(수학 포기한 학생)였어요. 내가 수학을 왜 해야 하는지 모르겠어요. 사실 수학이란 과목은 대학 가는데, 필요한 것이지요. 수능 시험 치르고 나면 쓰레기로 분류해서 폐지로 사용합니다. 그리고 인생에서 수학이란 과목하고 영원히 이별하는 것이죠.

어느 고3 여학생

---

4. 어떤 문제를 해결하기 위해 정해진 일련의 절차나 방법

아이들은 어릴 때부터 수학 공부를 한다. 목적은 하나이다. 대학 입시에서 유리한 고지를 선점하려는 의도가 있기 때문이다. 수능에서 수학 과목은 다른 과목보다 표준점수가 높다. 어렵게 출제될수록 표준점수가 높다 보니 수학은 대학 입학 당락을 좌우하는 중요한 변수가 되기도 한다.

수능을 위한 수학은 계산 능력을 우선 요구하는가?

한 번은 고3 학생들이 9월쯤에 수학 선생님과 추돌사고를 일으켰다. 당시 문과반 여학생들이었는데, "수능이 얼마 남지 않고, 우리들은 수학으로 대학을 가지 않을 것인데, 뭐하러 에너지를 쏟아가면서 수학 수업을 해야 하는지 알 수가 없다."는 것이었다. 그래서 수학 수업을 거부하는 초유의 사태가 벌어진 것이다. 자신들 이야기로는 수업 시간에 다른 과목도 공부할 수 있게 해달라는 요구였다고 한다. 여하튼 이 일은 학생들과 담당 과목 선생님께서 원만한 타협점을 찾아서 해결이 되었지만, 학생들에게도 상처가 남았고, 그리고 수학 선생님에게는 더욱더 큰 상처가 남게 되었다. 이렇게 교사와 학생 모두 상처를 받는 과목으로 수학은 우리 교실에서 머물러야 할까?

대학 입시 때문이라는 항변이 가능하다. 수능을 준비하는 학생들에게는 문제를 풀 수 있는 능력을 키워줘야 하기 때문에 기계적인 방법을 쓸 수밖에 없는 것이다. 더구나 배워야 할 분량이 많다

보니 사고력을 강조할 시간이 없다는 이야기가 현장의 이야기다. 그래서 문제 풀이 위주로 수업을 할 수밖에 다른 방법이 없다는 것이 학교의 현실이라는 것이다.

> 수학을 공부하는 목적은 수학적 사고 능력을 기르는 것인데, 수학적으로 '생각하는 방법'을 길러주기 위한 이상적인 수업을 진행하는 게 생각만큼 쉽지 않습니다. '생각', '사고', '고민'은 시간의 산물인데, 그렇게 학생들에게 깊게 생각하고 질문하며 고민할 시간을 줄 만큼 우리 교육과정은 여유롭게 편성되어 있지 않습니다. 정해진 시간 안에 허덕이며 교과서 진도를 다 마치면 학생들은 진도가 다 끝났다는 사실에 안도하며 시험 준비를 합니다. 문제 풀이 위주의 편중된 수학 공부를 하게 되는 것이지요. 저는 딜레마가 바로 여기에서 비롯된다고 보고 있습니다.
> 엄○○ 선생님(고등학교 수학)

그러면서 알고리즘은 생각하는 수학을 하기 위한 선행 단계라고 이야기한다. 학습자들이 구구단을 외우고 사칙연산에 대한 기본적인 학습을 하는 것이 생각하는 수학을 하기 위한 단계이다. 논리적인 정확성을 훈련하는 과정에서 계산력은 필수이다.

> 계산하는 것을 가르치는 것은 매우 중요합니다(특히 초등학교, 중학교 때). 이유는 계산하는 과정을 통해 수에서의 규칙, 패턴 등을 추측하고 발견하는 능력은 결국 계

산력이라는 기초가 있어야 가능하기 때문입니다. 인문계 고등학교에 있다 보니 학생들의 계산력이 부족해서 참 아쉬울 때가 많습니다. 우리나라에서 학생들의 수학적 능력을 '평가'하는 시험인 수능에서부터 각 학교의 정기고사는 모두 주어진 얼마간의 시간 동안 많은 문제를 풀어야 합니다. 따라서 문제 안에서 어떤 해결의 실마리를 발견하여 풀기 시작하는 때부터 계산력(정확성과 속도)이 관건이 되는 것입니다. 계산력이 뒷받침되어야만 다른 수학적 능력들도 발현될 수 있는 것입니다.

엄○○ 선생님(고등학교 수학)

그런데 골똘히 생각해보자. 왜 학생들은 수학 배우는 것을 어려워하고 수학을 포기하려고 했을까? 이런 질문을 가지고 수업에 들어간 적이 있었는가? 그리고 이 질문을 가지고 깊이 고민한 적은 있는가? 내 수업 시간에 자는 아이들이 밉고, 내가 준비한 수업을 모두 받아들이지 않으면 나의 수업을 거부한 것이고, 결국에는 나에 대한 부정으로 이어질까봐 두려워하지 않았는가? 이 반은 '수포자'(수학 포기 학생)들이 득실대는 데도 나도 어쩔 도리가 없는 것은 아닌가 하는 마음으로 혹시 수업을 들어간 적은 없었는가? 그러다 보니 아이들과 수업을 하다가 암초를 만나면 아이들 탓하고, 내 탓하면서 좌절의 쓴맛을 맛보았을 것이다. 과연 수학이란 어떤 학문이며 왜 수학 공부를 해야 하는지에 대한 궁금함을 아이들에게 던져야 하는 것이 아니었을까. 아이들에게 수학 공부의 의미를 가르쳐주거나 수학의 필요성을 이야기해서 동기를 부여하는 노력을 해 봐야 하는 것이 아닐까.

계산 능력으로 충족될 수 없는 '수학적 사고력'

그렇다면 수학적으로 사고하는 것을 가르친다는 의미는 무엇일까?[5] 삼각형의 내각의 합은 우리가 알다시피 180°이다. 그런데 이 사실은 의심의 여지가 없이 확실한 것일까? 평면이 아닌 곡면 위에서의 경우를 생각해보자. 첫째, 삼각형이 구(球) 위에 놓여있을 경우, 그 내각의 합은 180°를 넘게 된다. 둘째, 오목한 도구(의구擬球라고 부름) 위의 삼각형이라면 어떻게 될까? 아마도 내각의 합은 180°를 넘지 못할 것이다. 이처럼 삼각형의 내각의 합은 삼각형이 놓여있는 환경에 따라 다르게 적용될 수 있는 것이다. 삼각형의 내각의 합이 180°인 것은 항상 성립하는 것이 아니라 놓인 환경에 따라서 달라질 수 있는 상대적인 것이다. 이와 같이 2천 년이라는 시간 동안 세상을 지배했던 유클리드 기하학에서 벗어나 쌍곡기하학과 구면기하학이라는 완전히 새로운 기하학(비유클리드 기하학)으로 나아가는 과정 자체가 바로 놀라운 수학적 사고의 예가 된다.

이런 수업을 한다고 가정해보자. '1, 2, 3, 4, 5, 6' 바로 뒤에 이어서 나올 수를 맞추는 수업이다[6]. 학생들은 긴장하고 고민할 것이

---

5. 『수학, 철학에 미치다』(장우석, 페퍼민트, 2012)를 보면 수학과 철학과의 연관 관계를 잘 풀어서 설명하고 있다. 수학을 바라보면 새로운 안목을 얻을 수 있다.
6. 성동고등학교 송교식 선생님의 수학 수업이다.

다. 우선 등차수열로 생각하면, 1씩 증가하는 규칙성에 따라 다음 수를 7이라고 추측할 수 있다. 그러나 문제가 그렇게 간단하게 끝날 것이라고 생각하지 않기 때문에 다른 생각도 하게 된다. 이를테면, '1, 2, 3, 4, 5, 6, 5, 4, 3, 2, 1, 2, …'와 같은 패턴으로 진행된다고 생각한다면, 6 다음에 나올 수는 5가 된다. 또는 '1, 2, 3, 4, 5, 6, 1, 2, 3, 4, 5, 6, …'와 같은 패턴으로 진행될 수도 있는데, 이 경우에 6 다음에 나올 수는 1이다. 이처럼 다양한 사고들을 펼칠 수가 있다.

대부분의 통계에서는 데이터의 양이 너무 많기 때문에 하나의 대푯값으로 축약할 필요가 있는데, 이럴 때 자주 사용되는 값이 바로 '평균'이다. 학교에서 성적으로 반별 차이를 따질 때 사용하는 것이 평균이다. 학급 평균은 얼마라고 이야기할 때 사용하는 대푯값인 (산술)평균이 있다. 어느 학급의 수학 성적 평균이 55점이라고 하면, 모든 학생이 획일적으로 55점을 받는다는 뜻일 수도 있고, 대부분 학생들의 점수가 55점에 못 미치지만 우수한 학생의 성적이 90점 이상이어서 평균이 55점으로 나오는 것일 수도 있다. 아마도 대부분의 경우는 후자에 속하겠지만 내막을 자세히 들여다보기 전에는 누구도 알 수 없다. 이처럼 우리가 흔히 생각하는 평균인 산술평균은 변량을 모두 더한 뒤 전체 데이터의 수로 나눈 값이므로 평균에 크게 못 미치거나 훨씬 초과하는 변량까지 계산에 포함되기 때문에 수많은 데이터의 대푯값으로서 적절하지 않은 경우도 발생할 수 있다. 그래서 산술평균의 대안으로 제시된 것이 중앙값과 최빈값이다. 중앙값은 데이터를 크기순으로 나열했을 때, 말 그대로 중앙에 해당하는 값이고, 최빈값은 출현 빈도가 가장 큰 값이다. 내가 입는 옷은 대개 95 사이즈이다. 보통 바겐세일을 하는 날 옷을 사러 가면 이 사이즈의 옷은 이미 다 팔려 나가서 없고, 105 사이즈나 110 사이즈는 지천에 널려 있다. 옷 만드는 회사에서는 이러한 점을 고려하여 사람들이 가장 많이 찾는 사이즈, 즉 최빈값에 따라 제품을 생산할 것이다. 그래야만 소비자의 욕구를 만족시킬 수 있고, 기업도 이윤을 남길 수 있는 것이다.[7]

세상에는 변함없는 법칙들이 있다. 물이 위에서 아래로 흐르고 태양이 동에서 떠올라 서쪽으로 지는 것은 명백한 사실이다. 수학에도 그 자체로서 옳은 것, 더 이상 증명할 필요가 없는 명백한 가정이라는 것이 있다. 이것을 '공리'(公理)라고 한다. 수학은 하나의 질서이다. 그 질서를 찾아내는 것이 바로 수학적 사고이다. 사물과의 관계성을 탐구하고 그 의미를 찾아서 수학적인 기호로 표시한 것이다. 그러므로 탐구가가 돼서 정의(定義)를 살펴본다면 정리(整理)는 논리적이고 수학적인 사고과정을 통해 증명할 수 있다.

---

7. 토니 크릴리 저, 박병철 옮김, 『수학을 낳은 위대한 질문들』, 휴먼사이언스, 2013

수학 교사는 사악해져야 한다

그러나 이렇게 되기 위해서는 수학을 대하는 학생들의 자세, 학생들의 배움을 바라보는 교사의 태도가 핵심적이다. 이런 고민을 심각하게 해온 오 선생님의 이야기를 들어보자.

개인이 아무리 노력해도 충분히 습득하지 못할 만큼 지식의 양이 자꾸만 늘어나고, 어제와 오늘의 상황과 통용되는 지식이 달라지는 사회에서 학교가 지향해야 할 지점은 필요한 지식을 습득하는 방법, 공부에 대한 긍정적인 태도, 학습을 자연스럽게 여기는 태도, 공동체 내에서의 협동심과 조직 능력, 인간관계 관리 능력 등일 것이라 생각합니다. 수학도 이 맥락에서 벗어날 수 없어요.
수학 수업은 교사의 치열한 고민을 통해 좋은 과제가 제시되어야 하고, 아이들은 그 과제를 해결하고자 도전하는 실천과 대화, 협동의 과정에서 생각하는 방법, 새로운 지식, 협동하는 방법, 자신의 재능 등에 대해 깨달아가야 합니다. 생각하는 방법이라고 하기에는 표현이 너무 단순해지는 듯하지요.
수학 교사는 사악해져야 합니다. 사악한 교사가 아이들에게 흉악한(그러나 충분히 수학적으로 고려된) 과제를 던지면, 그 과제와의 투쟁을 통해 아이들은 성장해야 해요. 아이들이 지식의 권위를 요구하면(그러니까, 질문을 해오면) 교사는 질문을 판단하여 거부할 수 있는 질문은 거부하고, 힌트를 줄 것들은 최소한으로 힌트를 주어야 합니다. "이거 맞아요?"라고 하는 질문에 "니들끼리 이게 왜 맞는지 생각해 보렴" 하고 대답해야 해요.

이 과정에서 현실적으로 아이들의 기본적인 계산 능력 부족 등이 문제가 될 수 있어요(계산의 문제뿐 아니라, 한글을 이해하지 못한다던가, 문제 파악이 느리다던가 하는 문제까지 모두!). 그러나 이 부분 역시 교사가 나서서 해결할 문제가 아니지요. 이 부분에 대해서 아이들이 갖춘 공동체의 문화로서, 상호 배워가는 관계에서 처리할 수 있도록 수업 분위기를 형성해야 해요. 교사의 개입은 정말로 절실한 아이들에게로 최소화 되어야 합니다.

결론적으로, 질문에 제시된 문장으로 국한시키자면, 수학 시간은 고등 사고를 할 수 있는 공간이 되어야 해요. 그게 교사가 할 일이고 교사의 전문성이지요. 계산 등의 작은 문제들은 아이들이 스스로 해결하고 전진할 수 있도록 공동체성으로서 접근해야 할 것입니다.

오○○ 선생님(중학교 수학)

오 선생님은 교사의 전문성을 상호 배움의 공간을 만들어 주고, 서로 돕는 배움의 공동체를 만드는 것이라고 이야기한다. 교사의 최소한 개입으로 학습자를 배움으로 들어오게 하고, 학습자 스스로 해볼 수 있는 기회를 줌으로써 스스로 해결하고 전진하는 것이라고 말한다.

이 시점에서 생각하게 되는 문제는 어떻게 상호 배움의 공간을 만들어 주는가이다. 학습자가 배움의 공간에 머문다는 것은 자신이 할 수 있는 수준을 뛰어넘는 과제가 제시되거나 변형된 문제가 주어질 때이다. 물론 배움의 동기가 전혀 없는 학습자들에게는 외적인 장치들을 통한 배움의 진입로 확장 공사를 해야 한다. 학습자들이 문제 해결의 기쁨을 누리도록 교사의 개입을 줄이고, 서로 협력해서 문제를 해결하도록 도움을 주는 역할을 해줘야 하는 것이다.

여기서 중요한 것이 배움에 대한 교사의 신념이다. 수학 과목은 교사의 설명식 수업이 대세를 이룬다. 그것은 학생들이 잘하지 못할 것이라는 비합리적인 신념 때문이다. 그래서 교사의 설명이 주류를 이루고 학습자들은 참여자가 아닌 관찰자에 머물게 되는 것이다. 학습자가 고민을 하게 하는 수학 수업을 하도록 수업을 디자인하는 것이 필요하다.

> 생각하는 방법이라고 생각합니다. 계산이 기초가 되어야 하기 때문에 계산 위주의 수업이 많았는데, 계산만 하다 보면 수학적인 사고력, 문제를 논리적으로 따져서 이해하고 해결하는 것이 아니라, 자신이 아는 방법대로 풀지 않았을 때 틀렸다고 생각하는 편협한 사고를 하게 되는 것 같습니다.
> 일상생활과도 연관되어 수학 계산을 잘하는 학생이 논리적으로 사고할 것 같은데, 어떤 경우에는 수학에서 한 가지만 생각하는 것이 생활과도 연결되어 한 가지 생각만 고집하는 편협한 마음을 가지게 되기도 합니다.
> 생각하는 힘이 부족한 것은 간단한 문장의 문제만 접해보아도 알 수 있습니다. 문장의 문제를 그림이나 표, 수직선

으로 나타내는 것을 어렵게 생각합니다. 분수의 곱셈을 그림과 수직선으로 표시하는 데 한 차시의 30분을 쓰고, 10분 계산해도 계산은 금방 끝내는데, 수직선이나 그림은 못하는 학생이 많고, 계산으로 답을 맞춰놓고 거꾸로 그림이나 수직선을 생각하지 못하기기도 합니다. 수학에서 생각하는 것이 논리적인 사고를 기르는 것이라서 국어 시간에 원인과 결과를 찾는 것이나 사회과의 탐구학습에서 자료를 수집, 분석, 해석하는 기능과도 연관되는 중요한 요소라고 생각합니다.

박○○ 선생님(초등학교)

수학은 사람을 지적으로 정서적으로 성장시킬 수 있는 학문이다. 자연의 법칙에는 질서가 있다. 그 질서를 논리적으로 밝혀내는 작업이 수학이기 때문에 수학은 발견의 기쁨이 있다. '왜 A4 용지의 규격은 297mm×210mm일까?' 궁금해 하는 것이다. 단순하게 300mm×200mm으로 하면 되거나 3:4의 비율을 맞추면 될 것을 굳이 이렇게 한 이유는 무엇일까 질문을 던지고 함께 생각하는 것이다. 이렇게 수학에 말을 걸어 보는 것이다. 여기에 적용된 수학적인 사고는 무엇일까. 아주 간단하다. 닮은꼴이다. 이런 대화를 하기 위해서는 여유가 있어야 하고, 사물에 대한 세심한 관찰이 필요하다. 학생들은 수학을 지루하게 생각하는 것이 아니라 그 감동의 경험이 부족하기 때문에 수학에서 멀어져 가는 것이다. 수학이 자신의 생활과 밀착 관계에 있다고 생각한다면 학생들은 스스로 수학으로 들어올 것이다.

사회
사실을 가르칠 것인가, 사실을 파악하는 능력을 가르칠 것인가?

사회에서 '사실을 가르칠 것인가', '사실을 판단하는 능력을 가르칠 것인가'에 대해서 말씀드리겠습니다. 물론 사실을 가르치는 것은 기본이 되어야 할 것입니다. 그러나 지식이나 이론, 매체를 통해 전해지는 정보 등은 객관적 사실이기보다는 어느 관점에 의해 해석된 사실일 경우가 많습니다. 어떠한 지식도 맥락적일 수밖에 없습니다. 따라서 사실을 분별해서 이해하는 태도, 의도에 의한 왜곡이나 또 스스로의 편견에 의해 오인될 수 있는 가능성을 염두에 두어야 합니다. 그렇다고, 언제나 사실을 부정하고, 색안경을 끼고 보는 태도 또한 바람직하지는 않아 보입니다. 사실 교육과 사실을 판단하는 교육 모두가 병행되어야 하겠으며, 그중 사실은 언제나 여러 맥락 속에서 해석되고 드러난다는 인식이 중요하다고 봅니다. 이것이 최근의 현상학과 관련한 내용입니다.

권○○ 선생님(고등학교 사회)

"선생님 사회 과목은 암기 과목인가요?" 심심치 않게 들리는 고3 학생들의 질문이다. 사회 과목하면 외우는 과목이라서 국·영·수 점수가 나오지 않을 때 점수 보충을 해줄 수 있는 '유일한 나의 희망사항'이라고 이야기하는 학생들도 있다. 그래서 그런가. 학생들이 여름방학 때 사회 과목을 공부하는 모습을 자주 보게 된다. 왜 사회 과목이 암기 과목이냐고 물으면 주로 지식을 외우는 것을 배우기 때문이라고 자기 나름대로 대응 논리를 가지고 있다. 어째서 사회 과목은 암기 과목이란 말인가. 그것은 아마도 사회 과목의 영역 중에서 지식을 강조해왔기 때문일 것이다.

파상적인 지식 나열은 머리만 아프다

첫 번째는 2차적 사회화 기관인데 2차적 사회화 기관은 인위적으로 '내가 사회화를 시켜야지.' 해서 사회화를 인위적으로 시키는 기관이에요. 보면 대표적인 게 학교죠. 학교, 직장 생활 통해서 사회화가 일어납니다. 학교는 당연히 이제 여러분들 뭐 여러 가지 과목을 가르치면서 지식을 전수하면서 이제 사회화 과정을 거치고요. 직장 생활을 통해서 또 인간관계 속에서 여러분들이 '아. 이렇게 할 때는. 아. 인간관계 속에서 이렇게 할 때는 뭐 이런 행동을 해야 되겠구나.', '말을 조심해야 되겠구나.', '말을 함부로 하면 안 되겠구나.' 이런 것들을 다 이제 학습해나간단 말이에요. 그리고 대중매체. 인위적이냐 자연발생적이냐에 따라서 이렇게 1차적 사회화 기관과 2차적 사회화 기관을 '좀 구분한다'라는 거 알아두시고요. 일반적으로 2차적 사회화 기관에서는 이러한 지식과 기능을 습득을 많이 합니다. 두 번째는 이제 목적에 따른 분류인데. 공식적 사회화 기관과 비공식적 사회화 기관이에요. 공식적은 사회화를 계획적으로 시키는 기관. 그래서 학교. 뭐 이런 데 있죠. 군대. 뭐 직업 훈련소. 이런 데가 대표적인 공식적 사회화 기관입니다. 학교에서 여러분들

시간표 짜놓고서는 여러분들 막 가르치죠? 이런 게 대표적인 사회화 기관. 공식적인 사회화 기관이에요. 그렇지만 의도하지 않았어요. 비계획적이야. 계획은 세우지 않았지만 그 과정 속에서 부수적으로 다른 활동을 하는 과정 속에서 부수적으로 사회화를 거쳐요. 이러한 기관을 비공식적 사회화 기관이라고 합니다. 대표적인 게 가족이죠. 가족은 아까 봤지만 1차적 사회화 기관이면서 비공식적 사회화 기관이야. 의도하지 않았죠. 의도하지는 않았지만 여러분들이 가정생활을 통해서 가정생활을 하면서 부수적으로 아빠, 엄마한테 배우는 게 많단 말이야. 또 언니, 오빠한테 배우는 게 많고. 이런 것들. 여러분들, 대중매체도 여러분들에게 영향을 많이 주죠. 대중매체도. 여러분들, 인터넷이나 TV나 이런 것들을 통해서 아마 영향을 많이 받을 겁니다. 특히 연예인들, 이런 모습을 통해서도 영향을 많이 받을 거예요. 이 질문을 좀 하나 해보겠습니다. 여러분들은… 조금 급하게 좀 왔는데. 오늘 시간이 없어가지고. 끝날 때 다 됐는데. 벌써. 어! 급하게 왔는데 이 질문을 좀 하고. 조금 시간이 가더라도 좀 할게요. 여러분들은 우리가 아까 여러 가지 사회화 기관을 봤어요. 공식적 사회화 기관, 비공식적 사회화 기관, 뭐 1차적, 2차적 봤는데. 뭐 가정이 있고 학교가 있고 또래집단이 있고 대중매체가 있고 또 직장이 있고 여러 사회화 기관이 있습니다.

이○○ 선생님(고등학교 사회) 수업 내용 중

학생들은 사회문화 시간에 사회화 기관에 대해서 배우고 있다.

1차 사회화 기관이 있고, 2차 사회화 기관이 있다. 인위적으로 사회화를 시키는 기관이 2차 사회화 기관의 특징이다. 그리고 목적에 따른 분류로 공식적인가 아니면 비공식적인가에 따라 나눈다. 공식적인 기관은 계획성이 있고, 비공식적 기관은 비계획적이다. 이렇게 개념들을 나열하고 있고, 학생들은 개념에 대한 학습을 한다. 이렇게 지식 중심으로 가는 이유는 수능 문제가 지식 중심에 초점을 맞추고 있기 때문이다. 다음은 2012년 사회문화 수능 기출 문제이다.

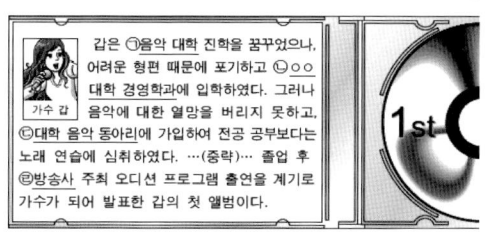

이 문제를 살펴보면 포장이 되어 있지만 앞의 이 선생님의 수업을 들은 학생이라면 어렵지 않게 답을 찾아갈 수 있다. 어떤 사실을 있는 그대로 받아들일 수 있는 개념의 이해가 중요시되기 때문

에 수능 출제자도 출제를 했을 것이고, 이 교사도 수업을 그렇게 할 수밖에 없는 것이다.

수업코치 이렇게 수업을 하다보면 본인이 고민되는 순간들이 있었을 것 같아요. 수업을 하시면서 그 지점이 어느 순간에서 좀 고민되셨어요?
수 업 자 음. 그러니까 아이들에게 그 좀 개념을 확실하게 좀 제가 이해를 시켰어야 했는데 그게 아니라 시간 때우는 그게. 그냥. 그냥 좀 뭐랄까. 그냥 형식적으로 넘어간 점들 그러니까 예를 들면 "사회화의 개념이다." 그러면 좀 더 구체적으로 제가 예를 들어가면서 좀 더 많이 설명을 했어야 되는데 거기 그러고, 아. 사회화 기관들 중에서 1차적, 2차적 사회화 기관인데 그걸 확실하게 좀 명확하게 구분해줬어야 되는데 그것도 좀 그냥 넘어갔고. 뭐 공식적, 비공식적도 마찬가지로 거기도 좀 명확하게 구분을 안 지어졌고 좀 이렇게 뭉뚱그려서 넘어간 거 같은 그런 지점 그리고 마지막으로 아쉬웠던 거는 이제 제가 의도했던 걸로는 '아이들이 엄마가 되었을 때 어떤 교육을 시키면 좋을 것인가?' 이거에 대해 한 번 생각해보는 그런 걸 가장 좀 중요하게 의도했거든요! 근데 또 시간이 없어서 오늘 좀 넘어갔던 게.

이 선생님은 개념의 명료성을 원하고 있었다. 하지만 결론적으로 하고 싶었던 수업은 아이들이 엄마가 되었을 때 어떤 교육을 시키면 좋을 것인가에 관심이 더 많았다. 공식적인가 아니면 비공식적 기관인가의 분류도 중요하지만 내가 그 기관에서 어떤 교육을 시키면 좋겠는가의 문제로 학생들에게 본질적인 판단의 문제로 끌고 가고 싶은 의도가 있었다. 피상적인 지식의 나열은 공허하다. 울림이 없다. 사회 현상을 제시만 하는 개념적인 지식은 머리만 아프게 할 뿐이다. 이와 같은 현상은 사회 과목에 대한 학생들의 비선호로 나타난다.

초등학교 교사들은 사회 과목 수업이 다른 과목보다 훨씬 더 어렵다고 말한다. 한 조사에 따르면, 수업 시간에 분량이나 수준에서 가장 어려운 교과는 사회가 51.6%로 가장 높았으며 수학 32.8%, 도덕 30.5%, 국어 29.8%, 과학 20.8% 등의 순으로 나타났다.[8] 어려운 용어가 난무하는 교과서가 등장하고 교사 역시 학생들과 마찬가지로 힘들어 한다. 그러다 보니 정작 하고 싶어 하는 수업을 하지 못한다. 사회 과목의 목표는 개인, 사회, 국가, 인류의 발전에 기여할 민주 시민을 양성하는 것이다. 사회의 현상과 문제들을 이해하기 위하여 정보를 수집하고 해석하여 적용하는 것이다. 자기의 삶을 이해하고 적용시키는 것이 사회과의 목표이고, 사회과 교사들이 원하는 수업이다. 그러나 다음과 같은 어려움에 봉착한다.

---

8. 《뉴시스》 2011-12-16

수 업 자 그러니까 뭐 모든 선생님들이 다 그러세요. 초등학교 선생님들은 제일 자신 없는 과목이 사회.

수업코치 사회?

수 업 자 아니면 체육.

수 업 자 예체능. 그러니까 예체능은 이제 전문 스킬이 떨어지니까 그렇고. 일반 국·수·사·과는 본인이 다 가르쳐야 된다고 봤을 때 제일 부담스러운 게 사회.

수 업 자 과학은 실험 준비만 되면 아이들이 재미나게 하니까.

수 업 자 사고만 주의하면.

수 업 자 그러니까 사회라는 게 너무 딱딱한 학문이고. 아이들의 삶, 생활에서 너무 동떨어져 있는 느낌을 많이 받잖아요. 근데 저는 그거를 아이들의 삶이랑 굉장히 연결시키고 싶었었어요.

수업자의 고민은 대다수 초등학교 교사가 갖고 있는 것이다. 사회 과목이 어렵다는 것이다. 어려운 사회과학 용어들이 난무한 사회 교과서를 가르치고 있노라니 깊은 상실감이 든다는 것이다. 사회 과목은 현실과 동떨어져 이해하기 힘든 용어들의 집합체가 되어 있다.

아이들에게 필요한 것은
자신이 살고 있는 사회를 이해할 수 있는 능력

사회화란 '인간과의 상호작용을 통하여 사회생활에 필요한 기본적인 지식과 태도, 심리적인 성향, 자아정체감, 사회적 역할, 문화적 가치와 신념, 사회적 의미를 학습하는 과정이다.'라고 정의를 내린다. 이러한 개념 정의가 우리가 살아가고 있는 삶과 어떤 관계가 있는가에서 교사의 고민이 시작된다.

사회과 수업에서는 사실보다 사실을 파악하는 능력을 가르치는 것이 더 중요하다고 생각합니다. 사회과 수업 자체가 '사회 현상, 지리 현상을 이해할 수 있는가?', '이해된 사회 현상을 자신의 삶과 연결해서 생각할 수 있는가?', '이를 바탕으로 현재 내가 살아가는 사회와 공간의 현상들을 자신의 생각으로 이해하고 설명하고 분석할 수 있는가?'가 매우 중요한 학습의 방향이라고 생각합니다.
역사과 수업도 마찬가지라고 생각합니다. 과거의 사실을 토대로 현재 자신의 삶의 문제와 미래 사회를 조망할 수 있는 능력이 있는가가 중요합니다. 과거의 사실을 이해하고 판단하는 능력을 갖고 있는가, 자신이 살아가는 삶 속에서 역사적 의미를 찾아낼 수 있는가가 더 중요한 역사 학습의 과제라고 생각합니다. 물론 역사적 사실을 토대로 해야 하기 때문에 사실 교육을 기본으로 해야 할 것 같기도 합니다.
그러다 보니 수업의 내용도 조금 달라집니다. 많은 양의

사실을 전달하기보다 몇 가지 사실을 던져놓고 '사실을 토대로 무엇을 이해할 수 있는가? 왜 그런가? 어떻게 해야 하는가? 해결 방법은 없는가?'와 관련된 내용을 많이 다룹니다. 당연히 교과서 모두 마치는 것은 엄두도 못 냅니다.

김○○ 선생님(중학교 사회)

'지금 여기에서 벌어지고 있는 현상과 나와의 관련성'은 무엇인가의 고민에서 출발해야 한다는 목소리가 지배적이다. 그러다 보면 학습의 방향도 달라져야 한다. 개념의 이해를 통한 정보 전달은 학습자들이 암기로 해결할 수밖에 없다. 그러니 사실을 제시하고 무엇을 이해하고 왜 그런가를 꾸준히 질문하면서 해결 방법에 대한 고민이 있어야 한다. 이런 학습 방법을 선택하다보면 교과서의 내용을 다 끝마치지 못하는 경우가 생기며, 진도가 느리게 나갈 수밖에 없는 것이다. 외워서 해결될 문제가 아니라서 사실을 바탕으로 자신의 생각을 더하고 빼는 과정이 촘촘하게 안내되어 있어야 하기 때문이다. 이런 과정을 거치면서 학습자는 자신의 생각을 나누면서 사고력이 신장될 수 있기 때문이다. 이것이 교사가 하고 싶은 사회 수업이다. 다음은 이런 사회 교사의 욕구가 잘 표현되어 있다.

당연히 사실을 파악하는 능력을 가르쳐야죠. 사회과에서는 이것을 고급사고력이라고 표현하고 중요시합니다. 탐구력, 비판적 사고력, 초인지, 문제해결력, 창조적 사고력이 그것이죠. 사회과 수업을 통하여 학습자들이 습득해야 할 능력들은 바로 이런 것들입니다. 물론 사실적 지식이 필요하긴 합니다. 지식을 많이 습득하고 있으면 발표나 글을 쓸 때 유리합니다. 물론 고급사고력이 전제되어야겠죠. 그렇지 않다면 의미 없이 지식만 쭉 나열하는 꼴이 될 테니까요. 사고력이 없으면 응용력이 없고 응용력이 없으면 창의력도 생기지 않는다고 생각합니다. 그래서 차후에 사회의 한 구성원으로 살아갈 때 의미 있고 가치 있고 생산적인 활동이나 결과물을 이끌어낼 수 있는 시민으로서 성장해 나가기 위해서는 고급사고력을 가르치는 것이 중요하다고 생각합니다.

이○○ 선생님(고등학교 사회)

사회 수업을 하면서 겪는 딜레마의 해결은 사실에 대한 이해를 바탕으로 사실을 파악하는 능력을 신장시키는 것이다. 이해하기 어려운 어휘들로 치장되어 있는 사회 과목 교과서를 넘어서려는 노력은 사실을 파악하는 능력을 키워주려고 하는 교사의 신념에 달려 있다. 자신이 무엇을 선택하는가에 따라서 아이들의 배움도 다르고 성장도 달라질 것이다. 우리가 살고 있는 사회를 바라보고 이해하는 능력이 현대를 살아가는 우리에게 주어진 교양의 미덕인 것이다. 내가 있는 공간에 대한 이해, 내가 살고 있는 시간과 사람에 대한 공감, 다양하게 일어나는 사회 현상에 대한 통찰, 그리고 책임 있는 문화 시민으로 살아가는 시민의식이 존재하기 위해서는 사실을 판단하는 능력을 키워 주어야하는 것이다.

미술, 음악, 예체능
기예를 가르칠 것인가, 이해와 해석을 가르칠 것인가?

내가 해줄 수 있는 것이 무엇인가. 요즘엔 대중음악 쪽에 아이들의 관심이 지대해요. 아이들이 요구하는 사항과 내가 수업에서 실행하는 것은 달라요. 그래서 노래할 때 발성을 요구하거나 리코더를 가르쳐 주거나 화성이론을 알려주거나 하지 않고 음악을 즐겁게 배우는 법을 가르쳐 줍니다. 사실 창작도 4/4박자 리듬을 대중음악에 맞춰서 연주해보고 하는 것이 중요해요. 저는 보통 컵타[9]를 수업 시간에 연주하게 합니다. 그러나 컵타는 기능적인 것은 아니에요. 짧은 시간에 익혀서 할 수 있는 것입니다. 음악을 가볍고 즐겁게 하는 것이 의미가 있지요.

박○○ 선생님(중학교 음악)

"선생님! 제가 좋아하는 가수의 음악을 들었으면 좋겠어요. 음악 교과서의 내용은 왜 따분한 거죠. 노래방에서 부르는 노래가 신나고 재미있어요. 음악 시간이 즐거워야 하는 것이 아닌가요." 학생들의 목멘 소리가 들려온다. 이러한 외침은 비단 아이들만 하는 소리가 아니다. 음악 교사들도 할 말이 많다. 아이들이 대중음악에 빠져서 음악 시간에 자신들이 좋아하는 노래만 들으려고 하고, 부르고 싶어 한다. 발성법을 가르쳐 주는 시대는 한물갔다. 물

---

9. '컵타'는 종이 컵이나 플라스틱 컵을 활용하여 리듬감을 익히는 수업이다. 둘이나 셋, 그 이상의 학생들이 함께 모여서 3박자, 4박자의 리듬을 익힐 수 있는 음악 수업이다.

론 리코더도 마찬가지다.

어느새 교실에는 피아노를 연주하는 아이들 숫자가 줄었다. 예전에는 초등학교 졸업 할 때면 체르니 30번은 기본으로 했다. 그런데 요즘에는 피아노를 배우는 아이들도 줄어들고 그래서인지 악보를 볼 줄 아는 아이들도 많이 줄었다. 예전에는 합창제를 할 때면 피아노 연주를 잘하는 아이들이 많아서 누가 반주를 하는가에 고민이 많았는데, 이제는 그럴 걱정이 없어진 것이다. 그러다 보니 음악 시간에 그것을 가르쳐야 하는 어려움에 봉착하게 된다.

모둠 활동과 일상을 통해 동시에 즐기는 연주와 감상

그래서 짧은 시간에 익힐 수 있는 악기를 사용하여 즐거운 음악 수업을 하는 것을 목적으로 한다. 즐겁게 익히는 음악인 것이다. 기예를 익히지 않아도 할 수 있는 것이 많다. 종이컵을 활용하여 음악적 리듬을 배우고 표현하는 컵타는 쉽게 배울 수 있으면서 음악의 즐거움을 느낄 수 있다. 마찬가지로 리듬도 그냥 익히는 것이 아니라 대중음악과 연결해서 배우면 아이들은 쉽게 습득한다. 학교에서 음악을 전공하는 아이들을 위한 음악 교육은 할 수가 없고, 그래서 한 시간을 즐겁게 할 수 있는 형태의 음악 교육을 실시한다.

이러한 어려운 환경 속에서 나름대로 음악의 기능을 익히는 작업을 하는 선생님도 있다.

음악 교사이면서 인문계 고등학교에 있다 보니 소외된 과목으로 수업에 학생들이 참여할 수 있도록 해주는 것이 어려워요. 인문계에서 무엇인가 시도를 하는 것이 부담입니다. 하지만 그 한계 안에서 즐겁게 참여를 유도하는 것이 음악 교사의 역할입니다.

저는 놓쳐서는 안 된다고 봐요. 받은 음악 교육이 다르지요. 아이들이 가진 재능이 다릅니다. 그래서 기악도 다양하게 접근합니다. 기능면에서도 조금씩 업그레이드된 상태를 중요시 합니다. 기악도 아이들도 수준에 따라 다르기 때문에 자신의 수준에서 조금 더 향상된 수준을 평가합니다. 한 단계 나아가는 점을 중요시합니다.

아이들이 좋아하는 악기를 선택하고 리더를 세우고 함께 음악을 즐깁니다. 모둠들 중에서 자기가 좋아하는 악기를 선택합니다. 리더가 모둠원을 잘 챙기고요. 모둠원은 6~7명입니다. 모둠의 리더는 멘토가 되고, 모둠원은 멘티가 되어, 새로운 배움의 형태가 나타나 참여도는 높을 뿐 아니라 배움의 형태도 다양하게 나타납니다. 교사는 이때 돌아다니면서 모둠 전체를 돌보게 됩니다. 교사는 아이들이 배우는 과정을 살피고 어떤 배움이 일어나고 있는지를 관찰합니다.

양○○ 선생님(고등학교 음악)

양 선생님의 수업으로 들어가 보자. 악기는 반별로 다양하다. 통기타, 바이올린, 플룻, 피아노 등등으로 구성된다. 또한 하모니카, 탬버린 등도 팀을 만들어서 연주를 한다. 이렇게 되면 자기가 좋아하는 음악 악기를 익히게 된다. 그리고 연습을 해서 아이들 앞에서 연주를 하게 된다. 평가도 다양하다. 개인별 평가, 모둠별 평가도 아이들이 모둠에 맞게 선택을 한다. 자신이 연주하고 싶은 악기를 선택하고 모둠을 구성해서 발표를 하니, 친구들의 감상 태도는 기대 이상이다.

왜냐하면 같은 반 아이들이 감상을 하기 때문이다. 실력은 약간 모자랄 수 있지만 하모니를 이룬다. 어떤 학생은 피아노를 연주하지 못하는 학생인데, 피아노 모둠에서 그 학생이 동요 코드를 배워서 연주를 해서 반 친구들이 감동을 받았다. 그래서 음악은 함께한다는 느낌이 있다. 양 교사의 경우에 이런 작업을 하면서 더 신념이 굳세어진다. 이 수업은 악기를 다룰 수 있는 것이 목적이 아니다. 악기를 학생들이 만지면서 연주하고 감상을 하면서, 즐기는 것이 양 교사의 음악 교육의 목적이다. 그것은 음악의 생활화이다. 음악은 즐길 수 있는 것이다. 자신이 한번 체험해보는 것이다.

> 음악은 즐기는 것을 가르치는 것입니다. 음악을 이해하는 것이죠. 때론 음악을 이해하지 못해도 즐길 수 있어요. 아프리카 음악을 즐길 수 있어요. 몇 박자인지도 모르지만 리듬을 치다보면 알 수 있어요. 모르는 상태에서 음악을 즐길 수 있어요. 갈라 콘서트에서 다양한 아리아를 들었을 때 가락에서 오는 감동을 느낄 수 있습니다. 본능적으로 사람의 소리가 예쁘구나! 음악과 친해질 수 있

습니다. 소리에서 나는 자연스러운 리듬, 앙상블, 박자, 화음 등등을 친구가 되게 하는 것이죠. 생활 속에 경지로서 음악인 것입니다. 심지어 아이들이 떠드는 소리도 음악이 될 수 있어요. 다른 사람들의 소리에 친밀해지는 것, 소리의 가치를 아는 것, 소리에 집중하는 태도가 중요하다. 바람의 소리에 집중해 보자. 깡통을 찼을 때 음의 높이가 다르다는 것을 알 수 있어요. 음 놀이를 할 수 있어요. 오선지의 의미와 음표를 뛰어 넘는 음악이 나옵니다.

장○○ 선생님(초등학교 음악 전담)

음악은 멀리 있는 것이 아니다. 생활 그 자체가 음악이 되는 것이다. 몸은 훌륭한 음악의 도구가 될 수 있다. 인간의 몸은 그 자체가 음악적 도구이기 때문이다.

덴마크에서 음악 교사를 양성하는 수업을 참관했다. 악기들이 주변에 많았다. 그런데 내가 받은 수업은 몸을 사용한 음악 교육이었다. 박자를 익히는 것도 발을 사용해서 움직이고, 온갖 동작을 하면서 음을 몸으로 익히는 수업을 했다. 음표가 오선지에서 나와서 몸과 하나가 됐다. 다른 언어를 사용하지만 계이름 도레미파솔라시도는 동일했다. 나중에는 여럿이 함께 화음을 이루기도 했다. 음악과 친구가 되는 순간이었다. 이렇게 음악을 이해하게 된 것이다.

덴마크의 음악은 생활과 문화의 경계가 없고 서로 넘나든다. 생활이 문화이고 문화가 생활이다. 스파이럴 교회에서 크라코우 유스 필하모니(CRACOW YOUTH philharmonic: 코펜하겐 고등학

덴마크 UCC 대학에서 학생들이 Mali Pogosian 교수로부터 음악 수업을 받는 장면

교 연합 오케스트라)의 연주 공연을 봤다. 연합 합창단의 오케스트라 연주를 감상했다. 토요일 오후에 열리는 음악 감상회인데, 사람들로 초만원이었다. 학생들의 연주 실력은 아마추어인 내가 평가하지만 수준급이었다. 화요일이나 토요일에는 코펜하겐 교회 곳곳에서 음악회를 연다. 평소에 문화를 언제나 즐길 수 있게 개방해 놓은 것이다. 들었던 음악은 차이코프스키 바이올린 협주곡 D장조 Op. 35(Tchaikovsky Violin Concerto in D major op. 35, I part)였다. 그리고 모차르트(Mozart)의 레퀴엠(Requiem)을 들었다. 이 곡은 모차르트가 작곡한 마지막 곡으로 그의 장례식에서 연주되었던 곡이다. 미완성으로 끝난 작품인데, 여전히 여운이 남

는다. 고등학생들로 편성된 합창단 50여 명, 그리고 역시 고등학생 오케스트라 50여 명이 함께 연주를 했다.

> 클래식을 전공한 교사로서 아이들에게 교과서에 수록된 클래식 감상곡을 들려주고 싶은 사명을 갖고 있는데, 첫 수업 때 '해설이 있는 음악회'로 감상을 시작하였지만 곡이 늘어날수록 점점 집중도가 흐려지고 10분도 못가서 눈을 감아버리는 아이들을 보며 딜레마에 빠졌습니다.
>
> 양○○ 선생님(고등학교 음악)

양 선생님은 학생들 입장에서 클래식을 친숙하게 감상하게 해 줄 방법을 고민하며 감상할 곡을 하나하나 다양하게 생활 속에서 찾아보았다. 아이들이 친숙한 대중가요, 영화나 드라마 삽입곡 등 다양하게 클래식 곡을 샘플링 하여 사용하였고, 그 곡을 들려주며 아이들 스스로 친숙한 곡에서 클래식 멜로디를 찾게 한 후 학습지를 통해서 그 곡을 왜 사용하였을까 고민하게 한 후에 원곡인 클래식 곡을 들려주니 학생들의 참여도가 높아졌다. 그 후에 미래에 자신이 꿈꾸는 기업이나 가정을 상상하여, 상징하는 클래식 곡을 배경음악으로 삽입한 후, 이유를 찾게 하는 등 생활 속에서 먼저 접근하고 찾아가는 클래식 감상 수업은 아이들의 참여도를 높여주는 친숙한 수업이었다. 이렇게 교사가 학생의 입장에서 클래식을 활용하고 찾아가는 방식으로 생각을 전환한다면 교사나 학생 모두에게 힘든 음악 감상 수업이 기대하고 기다려지는 수업으로 변화할 수 있을 것이다.

자유로운 표현 양식으로 즐기는 창작 활동

> 사실 '오브제'나 '꼴라주'는 기법이지요. 이것을 잘 알고 있으면 표현을 잘 할 수 있어요. 이것은 테크닉이라고 할 수 있죠. 하지만 테크닉이란 미술을 전공하지 않으면 힘들어요. 기본은 소묘에서 출발합니다. 소묘는 제일 어려워요. 하지만 소묘가 기본이 되면 다른 것은 구사할 수 있죠. 소묘를 하게 되면 다른 미술 수업을 할 수 있는 힘이 생기죠. 매학기 소묘를 3~4차시 했어요. 그러다 보니 다른 것을 할 수 있는 시간이 부족해요.
>
> 문○○ 선생님(고등학교 미술)

문 선생님은 계속해서 다음과 같이 말한다. 미술에서 기본적인 기예는 소묘이다. 이것을 배우고 나면 다른 미술 수업을 할 수 있는 힘이 생긴다. 보통은 테크닉이라고 말하는데, 이것은 미술 전공자만 가능한 것이다. 미술 수업에서 기예를 필요로 하는 학생들은 미술을 전공하는 몇 명의 학생뿐이다. 나머지 다른 학생들은 관심을 두지 않기 때문에 굳이 시간을 할애해서 기예적인 면을 가르치려는 시도는 많이 하지 않는다.

이제 잘 그리고 못 그리고는 더 이상 중요하지 않다. 사진이라는 기술이 있어서 아무리 잘 그려도 사진보다 못하기 때문이다. 이것을 이렇게 그려라 말하기보다는 어떻게 자기의 생각을 표현해내느냐가 중요하다. 그리는 것이 아니다. 그리는 시대는 이제 끝났다고 이야기한다. 끄집어내서 조형적으로 꾸며낼 수 있어야 한다는 것이다. 그러기 위해선 미술사를 통해서 각 시대별 특징, 작가의 표현 특징, 미술 양식 등등을 종합적으로 이해하고 있으면 다양한 창의성이 표현될 수 있다고 이야기한다.

표현 기법을 가르치는 것은 미술 전공을 할 아이들을 위해서는 필요합니다. 하지만 일반 학생들 같은 경우 시수가 많지 않은 미술 수업에서 기법을 배우기 위해 많은 시간을 할애하면 다른 부분들을 놓치게 됩니다. 억지로 표현 기법을 끌어올리는 것보다는 미적 감수성을 키워주고 삶 속에서 심미안을 갖도록 하는 것이 중요합니다. 길가에 핀 꽃에서, 작은 커피 잔에서도 색깔의 아름다움을 느낄 수 있도록 말이죠. 유명한 작가의 그림이 아니어도 '저 그림 참 아름답다…'라고 느끼는 학생이 몇이나 있을까요? 누군가 정의해 놓은 아름다움이 아닌, 자기 스스로 아름다움을 느끼고 체험해 보는 것이 필요합니다. 전에는 아이들을 닦달해서 완성도 있는 작품을 해내도록 했어요. 수업 대회에 나가려면 아이들 결과물도 좀 있어보여야 한다고 생각했죠. 그렇게 하는 것이 잘 가르치는 선생님이라 생각했는데, 그건 아이들을 생각하지 않은 저만의 생각이었다는 것을 깨닫게 되었습니다.
예술성이라는 것은 교사가 틀을 제시하고 많은 것을 요구한다고 되는 것이 아니라 허용적 자유를 주고, 아이들 안에 잠재력을 볼 때 생긴다고 생각합니다. 저는 올해 아이들이 이 수업을 통해 무엇이 의미 있게 남을까를 고민하면서 수업이 많이 바뀌었어요. 나의 것을 조금 배제하고 아이들이 가진 것을 끌어내다 보니 수업이 재미있어집니다. 이런 것이 제가 추구하는 예술이고, 미술 수업인 것 같습니다.

이○○ 선생님(중학교 미술)

학생들에게 표현 기법을 강요하는 것은 미술을 즐기는 권리를 빼앗아가는 것일 수도 있다. 학생들에게 미술을 돌려주기 위해서는 일상의 삶에서 아름다움[10]을 느끼게 도와주어야 한다. 무엇인가를 억지로 학습한다고 예술적 감수성이 높아지는 것이 아니다. 오히려 아이들의 숨어 있는 잠재력을 볼 때 미술의 진정한 의미를 알게 되는 것이다. 일상에 있는 소소한 물건이나 사물에서 아름다움을 찾아내는 기쁨을 아이들이 배운다면 그것이 바로 예술적 감수성을 키우는 것이다. 무엇인가 꾸며서 어떤 결과물을 만들어내야 하는 강박증에서 자유로워야 한다. 그럴 때 아이들의 잠재력과 만날 수가 있는 것이다. 다음 그림은 이다정 선생님의 주방 프로젝트로 아이들이 커피 가루를 이용해서 표현하는 미술 작품이다.

---

10. 이다정 선생님 블로그(http://blog.naver.com/dajung3814)에는 미술의 아름다움을 표현한 수업 사례들이 있다.

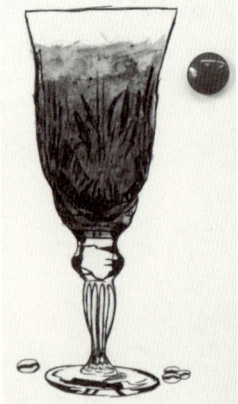

미술 수업 '주방 프로젝트' - 커피 가루로 표현하는 그림 그리기

학생들은 주방에서 구할 수 있는 커피를 활용하여 그림을 그린다. 플러스펜으로 잔을 그리고 커피를 살살 뿌린 후, 물로 살살 녹여준다. 일상의 삶에 담긴 아름다움을 발견하는 수업이다.

감상 수업에서 심미안을 자극하는 호기심

그렇다면 미술 작품을 감상하는 수업은 어떠한가?

저도 감상 수업을 하는데, 다양한 작품을 다 보여 주지 못해요. 실제 작품을 보여주지 못하고, 개념적인 수업을 했어요. 자신하고 관련이 없는 내용이다 보니 많은 학생들이 잡니다. 미술사에서 학기말 평가나 수행평가를 합니다. 서양 미술사나 한국 미술사 위주로 하는데, 그림을 보여 주는데 학생들이 집중하지 않습니다. 저는 수업을 바꿔야 할 것 같아요. 수업을 하는데, 많이 힘들어요. 미술사 위주가 아니라 아이들이 흥미로워하는 작품을 보여주고, 구체적으로 보여주는 훈련을 시켜주는 것이 미술 교사의 역할이라고 보면, 그 작품 속에 무엇이 들어있는지 예를 들어서 인물화라면 어떤 시대에서 누구를 그렸는지, 왜 이런 포즈를 그렸는지, 여기에 사용된 기법들은 무엇인지, 어떤 방법으로 그렸는지, 미술 비평적인 수업을 한다면 좋아할 것 같습니다. 개념적으로 풀려고 했지 하나하나 미술 작품을 해석하려고 하는 수업은 하지 않았어요.

문○○ 선생님(고등학교 미술)

미술 감상 수업은 그렇게 쉬운 것이 아니다. 문 선생님이 미술 감상 수업에서 느끼는 어려움은 아이들이 수업에 집중을 하지 않기 때문이다. 왜 미술 감상을 해야 하는지 그 '그림과 내가' 무슨 상관이 있는지에 대해서 명료화된 자기 답이 없기 때문이다. 미술사에 의해서 수업을 할지 아니면 아이들이 흥미 있게 생각하는 그림을 위주로 수업을 할지 고민하지만 미술을 감상하는 방법을 가르치는 것도 미술 교사의 역할이라고 문 선생님은 이야기한다.

다음 시를 읽어보자.

화가

윤희상

화가는
바람을 그리기 위해
바람을 그리지 않고
바람에 뒤척거리는 수선화를 그렸다
바람에는 붓도 닿지 않았다
그리는 사이,
어떤 사람들은
그곳에서 바람은 보지 않고
수선화만 보고 갔다
화가가 나서서
탓할 일이 아니었다.

수많은 사람들이 보고 간 것은 무엇일까? '수선화'였다. 화가는 '바람'을 그리려다가 '수선화'의 미세한 움직임을 통해서 바람의 존재를 표현하고 싶었다. 그런데 사람들은 화가의 의도와는 다르게 '수선화'를 감상한 것이다. 그렇다고 화가가 누구를 탓할 것인가. 사람들은 본질은 보지 못하고 보이는 것에 집중을 하다 보니 감추어진 의도를 파악하지 못했다. 결국 화가를 만나지 못했고, 이 작품을 표면적으로 이해하고 만 것이다. 이것은 미술을 감상하는 가장 기본적인 태도이다. 그렇다면 아이들은 이런 미술 감상의 태도를 배운 적이 있을까?

미술사의 지식을 아는 것이 기초가 되어야 하겠지만, 그 보다 한 인간으로의 화가에 대해 소개합니다. 그 사람을 알게 되면 작품 속 스토리가 보이지요. 마치 삶에서 친구를 알게 되면 그 친구가 궁금해지는 것처럼 화가를 알게 되면 왜 그런 표현을 했는지 궁금해지고 알고 싶게 됩니다. 그와 친구가 된다면 후기 인상주의는 어떤 표현 방법을 썼고 어떤 주제를 그렸는지 외울 필요가 없지요. 자연스럽게 알게 됩니다. 외우는 것은 금방 잊어버려요. 아이들에게 화가를 만나게 해주는 수업에서 아이들의 몰입도는 꽤 높습니다. 밀레의 《만종》을 보여주고 "이것은 감자가 아니라 죽은 아이의 관이라는 이야기가 있는데 어떻게 생각하니?"[11] 이런 질문을 통해서 아이들은 평소에 스쳐 지나쳤던 복도에 걸린 밀레의 만종을 보러 뛰어 갑니다.

이○○ 선생님(중학교 미술)

이 그림은 프랑스 파리 오르세 미술관에 소장되어 있는 장 프랑수아 밀레(Jean-Francois Millet)의 작품이다. 오르세 미술관에서 이 작품을 본 일이 있는데, 매우 작은 크기여서 그다지 감동을 느

---

11. 《만종》에 얽힌 비밀 한 가지를 소개하자면, 그림 속 농부 부부의 발치에 놓인 바구니는 수확한 작물을 담은 바구니가 아니라 원래 죽은 아이의 관으로 그려졌다는 것이다. 이러한 주장은 살바도르 달리에 의해 제기되었으며, 실제로 루브르 미술관에서 X선 검사를 통해 바구니가 초벌 그림에서는 어린아이의 관 모양이었음을 입증하였다. 그러나 밀레 연구자들은 달리의 주장을 근거 없는 것으로 단정 짓고 있다. 일찍 세상을 떠난 형과 그로 인한 정신적 충격, 그리고 어린 시절부터 형의 존재를 대신해야 한다는 강박 관념이 밀레의 작품을 죽음의 이미지와 연결시켜 해석했다는 것이다. 한편, 아이의 관과 비슷한 상자가 있는 것이 사실이라 해도, 그것이 관인지 그림을 그릴 때 구도를 잡기 위한 밑그림인지는 여전히 의문으로 남는다. 만약 달리의 주장대로라면 이 작품은 하루 일을 마치고 신께 감사의 기도를 드리는 평화로운 작품이 아니라, 아이를 잃고 슬퍼하며 관을 묻기 전 마지막 기도를 올리는 비극적인 그림이 되는 것이다. (두산백과사전 인용)

밀레(Jean-Francois Millet)의 《만종》

끼지는 못했다. 다른 인상주의 작품들이 많은 까닭에 이 그림은 그냥 스쳐 지나가는 그런 존재였다. 그런데 이 선생님의 질문을 듣고 나니 새로운 심미안이 열리는 것이다. 이렇게 교사가 던져주는 질문 하나에 학생들은 그림의 본질에 대하여 다시 생각을 하게 된다. 이 그림을 그리기 위해서 밀레는 시간을 헌신했는데, 감상자들은 몇 초만에 자신의 기호를 내세워서 작가를 자신 마음대로 재단하기 때문에 작품과 만나기 어려운 것이다. 학습자가 그림에 감정이입을 하기 위해서는 작가가 되어서 만나는 것이 필요하고, 그림에 대한 끊임없는 궁금증을 가지고 있어야 작가가 그린 그림

속으로 들어갈 수가 있는 것이다.

 문 선생님에게 미술 수업이란 무엇인가 질문해보았다.

 "보이는 것만 그리는 것이 미술 수업은 아니라고 생각합니다. 미술은 노는 것입니다. 교실 안에서 하다보면 한계가 있어요. 자연 속에서 미술 놀이를 할 수 있어요. 원근법을 찾을 수 있고, 그림자놀이를 할 수 있어요. 놀면서 즐기면서 퍼포먼스를 할 수 있어요. 자기와 자연물이 하나 돼서 만들 수 있습니다. 자기가 도구가 돼서 표현할 수 있습니다. 실내에서는 그림으로 표현하는 것이 아니라 자기가 가지고 있는 것을 종합해서 모둠 수업을 해서 자신이 가지고 있는 것을 가지고 자동차를 만들 수 있습니다. 그래서 미술 수업은 놀이라고 생각합니다."

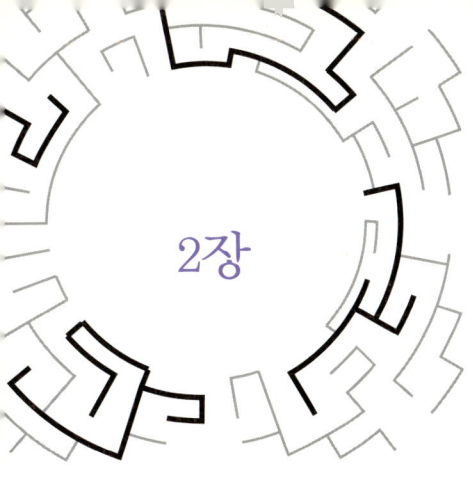

2장 학습에 대한 욕구를 어떻게 찾을 것인가?

수업에 들어가면 축축 늘어진 아이들이 나를 마중한다.
어떻게 이 아이들에게 학습에 대한 욕구를 찾게 할 것인가.
이런 생각을 하면 내 마음이 새까맣게 탄다.
아이들은 자신들의 지적 발달 수준이 낮아서 교과과정이 요구하는 대로 따라 갈 수 없다고 탄식한다.
그리고 묻는다.
누구를 위한 교과과정이냐고.
그런가 하면 교과과정의 요구가 쉽다고 공부할 맛이 나지 않는다고 수군거리는 아이들도 있다.
한 단계 높은 교과과정을 원한다.
이럴 때 교사인 나는 흔들린다.
게다가 아이들은 교과에 흥미가 없다고 너스레를 떤다. 교과와 담을 쌓았으니 마음대로 하라고 책상에 누워서 잔다. 이럴 때는 나도 함께 눕고 싶다. 그러나 눕지 못하는 것이 교사가 아닌가. 그나마 깨어 있는 아이들은 교과서의 내용이 현실과 관련이 없다고 아우성이다. 살아가는 데 교과서가 도움이 되냐고 묻는다. 학교 교과서대로 살아낼 수 있는 것이 삶이 아닌 것을 아이들도 안다.

아이들은 초등학교 때부터 기초가 없어서 학습의 동기를 찾을 수 없다고 한다. 뿌리 깊은 나무가 바람에 흔들리지 않는데, 자신들은 잔뿌리도 없어서 뿌리째 뽑힌 나무라고 한다. 타임머신만 있다면 다시 돌아가고 싶다고 한다. 교사인 나도 타임머신타고 있다면 함께 가고 싶다.

약간은 불편하지만 다른 방법으로 속을 태우는 아이들도 있다.

수업의 주제와 내용보다는 시험 준비만을 요구한다.

정성껏 준비한 시(詩) 학습지를 받아 놓고 '이거 시험에 나와요' 하고 외친다.

아니 삶에 도움이 되는 거야.

아이들의 얼굴이 찌그러진다.

"선생님 언제 수업하나요?"

'이게 수업인데!'

학생의 지적 발달 수준과
교과과정의 요구가 다를 때[1]

"오늘 수업은 지방정부와 지방의회가 하는 일을 비교해보고, 양자 간의 관계에 대해 이해할 수 있도록 하겠어요."

이 선생님은 열심히 설명을 하는데, 아이들은 눈만 말똥말똥 뜨고 있을 뿐이다. 질문과 대답은 사라진지 오래되었다. 처음에는 무슨 이야기인가 하고 호기심을 갖기도 했지만, 잠시 후에 배움에서 이탈하는 아이들이 많아지기 시작했다. 그 순간 이 선생님은 수업의 공기가 탁해지고 있다는 것을 느끼고 있었으나 학습동기를 잃어버린 아이들은 수군거리기 시작했다. 이야기를 들어보니 '지방정부', '지방의회'란 개념이 초등학교 4학년에게는 외국어에 가까웠다.

이 수업에서 나타나는 것은 아이들의 지적 발달 수준이 아직은 국가 교육과정의 내용과 성취 기준을 따라가기에는 부족한 상황이라는 것이다. 다음에 제시된 초등학교 교육과정 내용을 살펴보자. 민주주의 원리, 자치단체, 지역 대표자 선거, 유권자의 역할, 지방정부, 지방의회 등의 개념을 교사가 수업에서 설명하려면 어려움에 봉착하게 된다. 거의 대부분의 아이들이 이 내용을 이해할

---

1. 교과과정의 요구는 국가 교육과정에서 학년별 교육 내용과 성취 기준을 뜻한다. 여기서 제시되는 딜레마 상황은 학생들의 지적 발달 수준이 너무 낮거나 너무 높아서 국가 교육과정이 요구하는 범위를 벗어나 있는 상태이다. 그리고 지적 발달 수준이란 어떤 특정 교과에 대한 학습이나 이해 정도를 뜻하는 것이 아니라 전반적인 사고 능력을 뜻한다.

만큼의 지적 발달에 이르지 못했기 때문이다. 그래서 교사는 딜레마[2]에 빠지기 시작한다. 교사가 교육과정의 내용을 모두 가르쳐야 하는가도 의문의 대상이다. 그래서 교사는 내용을 줄여서 가르칠 수 없는지 고민하기 시작한다. 그리고 학습동기를 찾을 수 있는 방법을 고민하기 시작한다.

개정2009 교육과정 초등학교 4학년 사회과 민주주의와 주민 자치 단원[3]

교육과정 내용	성취 기준
사4101. 민주주의의 원리를 구체적으로 실현하는 것이 주민 자치임을 이해한다.	사4101. 주민 자치의 의미를 민주주의의 원리와 관련지어 설명하고, 주민 자치의 필요성에 대해 말할 수 있다.
사4102. 우리 지역을 대표하는 자치 단체는 어떤 것들이 있는지 찾아보고, 그 역할에 대해 이해할 수 있다.	사4102. 우리 지역을 대표하는 자치 단체의 종류를 조사하고, 자치 단체의 역할과 의미에 대해 설명할 수 있다.
사4103. 우리 지역을 대표하는 사람들을 뽑는 선거 과정을 알아보고, 이를 통해 대표자와 유권자의 역할에 대해 이해할 수 있다.	사4103. 우리 지역을 대표하는 사람들을 뽑는 선거 과정을 알아보고, 이를 통해 대표자와 유권자의 역할과 중요성을 설명할 수 있다.
사4104. 지방 정부와 지방 의회가 하는 일을 비교해 보고, 양자 간의 관계에 대해 이해할 수 있다.	사4104. 지방 정부와 지방 의회의 역할을 비교하고, 지방 정부와 지방 의회의 관계에 대해 설명할 수 있다.

다른 교과에서도 이런 고민들을 많이 겪는다.

---

2. 서근원, 『수업에서의 소외와 실존』, 교육과학사, 2009, 서근원 교수는 교사가 기능적, 구조적, 인식적, 존재론적 딜레마를 수업 상황에서 경험하고 있다고 보고, 인식론적 딜레마와 존재론적 딜레마는 해결될 수 없다고 주장한다. 거기에 교사의 한계와 가능성, 교사와 수업의 고유한 의미를 발견할 수 있다고 이야기한다.

3. '2009 개정 교육과정에 따른 사회 성취 기준 · 성취 수준'에 관한 자료는 모두 국가 교육과정 교육정보 (http://ncic.re.kr) 탑재 자료를 인용했다.

수학 교과는 이 둘 사이에 괴리가 큰 경우가 많습니다. 우리나라 고등학교 수학 교과과정은 배워야 하는 내용이 어렵고 양도 많아요. 게다가 초등학교, 중학교 때 조금이라도 학습 결손이 있었다면 연계되는 고등학교 교과과정의 내용은 거의 이해하지 못합니다. 모든 학생들이 수학적 능력의 발달 수준이 같을 수 없는데, 같은 학년, 같은 나이에는 같은 내용을 배워야 합니다. 그래서 학교 시험과 수능 시험에서 우열을 가리고, 등수를 가려냅니다. 당연히 저조한 성적을 거둔 학생들은 수학에 흥미와 자신감을 잃고 수학 공부에 대한 욕구도 가질 수 없게 됩니다.

엄○○선생님(고등학교 수학)

수학 교과의 경우에 교육과정의 내용이 많을 뿐더러 어렵다는 것이다. 배울 것이 많고 어렵다 보니 학생들은 배우기도 전에 지레 겁을 먹고 처음부터 배울 생각을 하지 않기에 학습동기가 제로 상태로 머문다. 그렇게 누적된 학습 결손은 학습의 욕구를 빼앗아 버려 학생들은 수업에 관심을 갖지 않게 되는 것이다.

교과과정의 수준을 조절하는 접근

그렇다면 이와 같은 문제 상황에 직면했을 때 해결할 수 있는 방안은 어떤 것이 있을까? 초등학교 김 선생님의 이야기를 들어보자.

공교육 현장에서의 어려움은 이와 같은 경우가 많은 것 같습니다. 공통된 교육과정이 제시되다 보니 학생의 지적 발달 수준과 교과과정의 요구가 다를 때 이를 어떻게 해야 하나 갈등이 될 때가 많습니다. 이럴 때 학생의 지적 발달 수준에 따라 교과과정의 수준을 조절함으로써 학습에 대해 좌절감을 느끼지 않도록 하는 것이 중요한 것 같습니다. 실제로 열악한 환경에 있다 보니 4학년이지만(또는 6학년이더라도) 소리와 철자의 관계에 따라 영어를 읽을 수 있는 phonics가 안 되는 경우가 많은데 이를 무시하고 교과과정의 요구만 따를 때, 학습 욕구가 형성되어 있지 않은 아이들에게는 영원히 'Good bye'하게 돼버릴 수 있는 것이지요. 일단 아이들이 phonics를 반복함을 통해 또는 review를 통해 영어에 대한 자신감이 붙을 때 학습 욕구가 생기는 것 같습니다. 그리고 i+1 정도(여기서 i는 그 학생의 현재 실력)를 제시하여 호기심을 주고 학습 동기를 형성하도록 합니다.

김○○ 선생님(초등학교 영어 전담)

김 선생님의 딜레마 해결 방법은 교과과정의 수준을 조절해서 학생들이 학습에 대한 좌절감을 느끼지 않도록 하는 것이다. 교사가 당위성을 내세우면서 교과과정을 고집했을 때, 다음 〈표〉에서 볼 수 있듯이 소리와 철자 관계에서 학습동기를 느끼지 못한 학생이 쉬운 낱말을 읽는 학습 행위로 나아갈 수 없게 된다. 이럴 때 잠시, 해당 교육과정에 머물러 있으면서 반복 학습을 통하여 학생들이 배움의 기회를 얻을 수 있도록 해야 한다. 또한 학습동기는 겉으로 드러나는 학생들의 성취도만 볼 것이 아니라 학생 개인의 경험에서 나오는 요인도 생각을 해야 한다. 영어에 대한 관심은 자신감을 경험한 학생과 좌절감이 상처로 남은 학생이 다르기 때문이다. 이때 자신감을 경험하게 하려면 교과과정의 수준을 학습자의 눈높이에 맞추는 교사의 수용성이 필요하다.

2009 개정 교육과정 초등학교 3~4학년 영어 읽기 영역

교육과정 내용	성취 기준
②-1. 소리와 철자의 관계를 이해한다.	영초4321. 알파벳과 낱말의 소리를 듣고 철자를 식별할 수 있다.
②-2. 소리와 철자의 관계를 바탕으로 쉬운 낱말을 읽는다.	영초4322. 소리와 철자의 관계를 바탕으로 쉬운 낱말을 읽을 수 있다.
③-1. 쉽고 간단한 낱말이나 어구를 따라 읽는다.	영초4331. 쉽고 간단한 낱말이나 어구를 듣고 따라 읽을 수 있다.
③-2. 들은 것과 일치하는 낱말이나 어구를 찾아 읽는다.	영초4332. 쉽고 간단한 낱말이나 어구를 듣고 해당하는 낱말이나 어구를 찾아 읽을 수 있다.
③-3. 쉽고 간단한 문장을 따라 읽는다.	영초4333. 쉽고 간단한 문장을 듣고 따라 읽을 수 있다.

딜레마를 해결하려는 노력들은 다양하게 전개될 수 있다. 오 선생님처럼 현장에서 구현된 교육과정의 실행이 학습자에게 학습 욕구를 불러일으킬 수 있다.

교과과정이란 국가에서 제시해주는 교육과정의 의미도 있지만, 교사가 계획하고 교사가 가르치고 싶은 것들의 의미로 해석해야 한다고 봅니다. 교사가 아이의 상태를 파악하고, 이 아이에게 수학적으로 전해주고 싶은 것들이 교육과정으로서 인정받아야 할 것입니다.

그렇다면 당연히 아이들의 지적 발달 수준에 맞춰주는 게 옳습니다. 때론 아이의 지적 발달 수준이 교과과정의 제시보다 높을 수도 있어요. 이때 교사는 국가 교육과정에 얽매여야 하는가? 조금 더 위로 올라갈 수도, 조금 아래로 내려와도 될 것입니다. 현실에서 아이를 바라보는 교사의 눈이 가장 정확하고, 그들만이 아이에게 맞는 교육과정을 만들어줄 수 있습니다. 그게 곧 아이들의 욕구를 자극할 수 있다고 봅니다.

오○○ 선생님(중학교 수학)

오 선생님은 딜레마의 해결 방안으로 배움에 대한 학생들의 욕구를 자극할 수 있도록 하기 위해서는 교사가 아이들의 지적 발달 수준에 맞춰 교육과정을 조절해서 수업에 적용할 수 있어야 한다고 생각한다. 단, 이런 전제는 교사가 교실 속에서 실행하는 것을 교과과정으로 의미를 부여해야 한다. 교과과정의 탄력성을 통해서 학생의 지적 발달 수준에 맞추는 것이 학습의 동기를 유발해서 배움으로 아이들이 들어올 수 있다고 보는 것이다.

다른 한편 지적 발달 수준이 특별히 낮다고 생각되는 학생들에게 학습동기를 부여하기 위한 고민들을 들어 보자.

거시적인 관점에서 우리나라 교육제도나 교육환경의 대대적인 변화가 없다면, 지적 발달 수준이 평균보다 낮은 아이들을 열등아로 낙인찍고 닦달하기보다는 그 아이들만을 위한 수학을 구상해 보는 것이 대안이 될 것입니다. 결국 수업 콘텐츠의 문제인데, 본질은 수학이지만, 당장은 손으로 만들어 보고 눈으로 보며 직접 체험해 볼 수 있는 콘텐츠를 수업에 적용함으로써 아이들을 수업으로 초대하는 것이지요. 입시와는 거리가 멀 수도 있지만, 수학적 사고능력을 기르는 좋은 방법이 될 수 있을 것입니다.

엄○○ 선생님(고등학교 수학)

지적 발달 수준이 낮은 학습자를 위한 엄 선생님의 고민은 낙인효과로부터 학습자를 보호하는 것이다. 교과과정을 따라오지 못하는 아이들에게 실패의 경험을 누적시키면 학습 결손의 빈 공간을 채우기 어렵다. 아이들은 자신들도 도전할 수 있다는 성취감을 맛보기를 원한다. 아이들이 처음부터 '수포자'(수학포기자)가 되는 것은 아니다. 어느 순간 따라갈 수 없을 정도의 학습 결손이 누적됐을 뿐이다. 그리고 학습동기가 사라진 것이다. 그렇기 때문에 아이들이 다가설 수 있도록 체험 중심의 교과과정을 운영하는 것이다. 본질은 지키고, 아이들의 학습동기를 유발할 수 있도록 수업의 내용을 적절하게 구성하는 것이다.

교과 협의회를 통한 접근

교사 개인의 노력도 물론 중요하다. 하지만 교과 협의회를 통한

딜레마 해결의 실마리도 있다.

> 교과 교육과정은 발달단계에 맞추어 중 수준의 난이도로 편성됩니다. 이럴 경우는 개별 지도로 별도의 시간이 필요하고 교과 교육과정을 재구성하여 적용해야 해요. 학교와 지역에 따라 교과 교육과정 재구성은 가능하기 때문에 동료 선생님과 상의를 합니다.
>
> 김○○ 선생님(중학교 도덕)

교사의 개별 지도를 통한 학습동기의 유발은 필요하다. 그러기 위해서는 학생 수가 많다는 문제도 넘어야 하고, 교사 혼자 쓸쓸하게 교과과정을 학습자의 수준에 맞춰서 구성해야 하는 어려움도 직면해야 한다. 이런 문제를 해결하기 위해 동료 선생님과의 교과 협의를 통하여 교과 교육과정의 탄력적인 운영 방안을 논의하고 함께 무엇을 가르칠 것인가, 어떻게 가르칠 것인가를 고민해야 한다. 협력적인 관계에서 교과 협의가 진행될 수 있다면 학습자의 수준에 맞춰서 교과과정을 탄력적으로 운영해서 줄일 수 있는 방안까지 이야기를 할 수 있을 것이다. 이렇게 교사 간 협력이 학습자의 동기를 끌어낼 수 있는 적극적인 '딜레마 해결책'이 될 수 있다.

물론 다른 고민을 토로하는 경우도 있다. 권 선생님의 경우를 살펴보자.

교과과정의 요구와 지적 발달 수준이 너무 달라서 힘들었던 기억보다는 시간이 촉박해서 힘든 적이 많았어요. 짧은 시간 안에 여러 단원을 해야 하기 때문에 지적 발달을 무시하고 흥미를 떨어뜨리는 수업을 하게 됩니다. 인문계에서만 수업해서 그럴지도 있어요. 수준이 좀 낮은 학생들을 데리고 어려운 내용을 공부할 때도 충분히 시간을 확보해서 충분히 생각하고 토론하거나 자료들을 잘 제시해서 단계적으로 접근하면 웬 만큼의 목표달성이 가능하다고 생각합니다.

권○○ 선생님(고등학교 국어)

권 선생님의 경우는 짧은 시간 안에 여러 단원을 수업 하도록 국가 교육과정이 요구를 하고 있어서 가르칠 시간적 여유가 지나치게 부족하다고 호소한다. 이러한 상황은 학급 학생들 대다수의 지적 발달 수준이 국가 교육과정의 요구 수준과 비교해서 낮기 때문에 발생한 것으로 볼 수 있다. 물론 다른 것이 원인이 되었을 가능성도 있지만, 시간 부족은 겉으로 드러난 결과이고 제시된 딜레마 상황이 실제 원인일 가능성이 충분하다고 생각한다.

이럴 때 교사는 어떻게 해야 하는가? 지적 수준이 낮은 아이들을 데리고 어려운 내용을 수업할 때 배움으로 들어오는 시간을 확보하는 기다림의 여유가 교사에게는 필요하다. 그리고 아이들이 생각하고 토론할 수 있도록 학습동기를 유발할 수 있는 자료를 준비하는 수업 디자인의 창조적인 구성이 요구된다. 이러한 것을 바탕으로 학습 위계를 만든다면 학습자의 학습동기를 끌어낼 수 있고, 배움으로 들어올 수 있을 것이다.

　교실에는 다양한 지적 발달 수준을 갖춘 아이들이 있다. 그래서 교과를 가르치는데, 어느 수준을 두고 가르쳐야 하는지 고민할 때가 있다. 교과과정을 스스로 깨우쳐서 알 수 있을 만큼의 지적인 수준이 높은 아이들은 제시된 교과과정에 지루해 할 것이다. 이 아이들에게는 도전적인 과제[4]가 배움으로 들어오게 하는 학습동기가 될 수 있을 것이다. 그리고 지적 발달 수준이 낮은 아이들은 학습동기 자체를 상실하고 공부 상처를 입은 환자처럼 누워서 치유를 기다리고 있다. 그래서 지적 발달 수준이 낮은 아이들에게는 학습에서 오는 패배감을 씻어 주는 감정 치유의 과정이 선행되어야 한다. 학습의 결손에서 맛보았던 상처를 만져주는 작업이 아이들에게 학습 의욕을 갖도록 도와줄 수 있을 것이다.

---

4. 사토 마나부 교수는 도전적인 과제가 학생들을 배움으로 들어오게 하는 학습동기를 유발한다고 이야기한다.

교과서의 설명이 실생활과 관련이 없을 때

저희들이 원하는 것은 실용적인 것을 배우고, 능동적으로 배우는 수업이라고 생각해요. 솔직히 현재의 수업들은 우리가 살아가는 데 있어, 그리 필요한 것이 많지 않아요. 현재의 수업은 단지 대학을 가기 위한 수업이란 생각이 듭니다.

고3 학생 김○○

단순하게 시험을 위해 주입식으로 하는 교육에서는 얻기 힘든, 나에게 의미 있는 지식과 살아가는 데 있어서 필수적인 인성을 익힐 수 있는 수업이 좋아요. 그리고 선생님 혼자서만 일방적으로 진행하는 수업에서 벗어나서 학생들과 교류하며 이루어지는 수업이면 좋다고 생각합니다.

고3 학생 박○○

교과서 외적인 것들과 같이 배우는 수업이 좋은 수업이라고 생각합니다. 오직 대학 입시만을 위한 수업은 나를 지치고 힘들게 합니다.

고3 학생 임○○

고등학교 교육을 마치는 순간에 있는 고3 학생들에게 인터뷰를 해봤다.[5] 학생들은 실생활에 적용할 수 있는 수업에서 학습의 동

---

5. 이규철, 「고등학생의 학업생활과 문화에 대한 이해」, 한국교육개발원, 연구자료 RRM 2009-8.

기를 찾고 있었다. 교과서의 내용은 실생활과 멀리 떨어져 있는 이론적인 설명에 치우쳐서 학생들이 학습동기를 부여받기가 어렵다는 것이다. 생활과 밀착된 교과의 내용은 자신이 살고 있는 지금, 여기로 끌어들일 수 있어서 이해도 잘 되고, 감정이입도 돼서 내면화의 단계까지 갈 수 있는 것이다. 물론 이런 학생들의 요구를 교사들은 받아들이기 쉽지 않다. 교과서의 내용을 수정할 수도 없고, 그냥 가르치자니 학생들은 졸거나 딴 짓을 하니 교사의 마음이 새까맣게 타는 것이다.

실생활과 연계된 수업 디자인

이러한 수업 딜레마의 상황에서 '연관 짓기'로 문제의 해결점을 찾은 박 선생님의 이야기를 들어보자.

> 교과서가 실생활과 연결이 안 될 때는 '연관 짓기'가 중요합니다. 수학의 km 개념을 학습할 때, 인터넷 지도에서 학교에서 1km의 거리를 짐작해 보고, 1km 되는 지점을 찾고 거기까지 걸어가 보면서 거리 개념을 몸으로 익히고 단위를 배우는 것, 1ha의 넓이를 10m×10m로 운동장에 나가서 아이들이 줄을 서서 사각형을 만들어 보고 넓이를 짐작하는 것입니다. 이야기로 만들어서 덧셈, 뺄셈, 분수 등을 익히는 것도 생활과 연관되는데, 초등 수학에서는 실생활 연결이 더 용이하다고 생각합니다. 비율을 배울 때 실과의 음식 만들기와 연관 지어 음식에 들어가는 재

료 1인분의 양을 제시하고 4명 모둠 친구들이 먹을 때 얼마나 필요한가를 계산하여 준비해서 만들어 먹을 수도 있습니다.

박○○ 선생님(초등 교사)

  박 선생님의 경우 '연관 짓기'를 통해서 교과서의 내용을 실생활과 연결시킬 수 있었다. 초등 수학의 경우에 실생활과 연결이 용이하다고 이야기를 한다. 아이들이 거리의 개념을 실제로 몸으로 체험하고, 운동장에서 넓이를 어림잡아 보는 경험을 통해서 추상적인 내용이 구체적인 장면으로 이해될 수 있어서 학습동기를 유발할 수 있는 것이다. 교과서의 내용이 자신의 생활의 일부분으로 들어올 때 공부할 의욕이 생기고 재미를 느끼게 된다. 교사가 연관 짓기를 하기 위해서는 교과서를 충분히 이해한 후에 학생들에게 무엇을 어떻게 가르칠 것인가에 대한 관심이 있어야 한다. 교사가 일상생활에서 궁금증을 갖고 수업과 연관 짓기를 할 때 수업 디자인을 창조적으로 할 수 있으며 화석화된 교과서의 내용일지라도 우리가 살고 있는 현재로 불러와서 의미를 새롭게 부여할 수 있는 것이다. 이럴 때 학생들은 교과서의 의미를 재발견하게 될 것이고, 교과서의 내용과 삶이 분리된 것이 아니라 연결할 수 있다는 것을 발견하게 될 것이다. 이것이 배움으로 초대장이 된다.

  한편 적극적으로 교과서의 내용을 실생활과 연결 지어서 수업을 하는 경우도 있다. 김 선생님의 이야기를 들어보자.

도덕과에서는 실제 발생하고 있는 시사 문제가 교과서 내용과 관련이 많기 때문에 교과서의 설명이 실생활과 관련이 적으면 생략하고 넘어갑니다. 교과서 내용이라 생략하면 안 된다고 오랫동안 생각해 왔어요. 이제는 교과서는 하나의 텍스트고 그것이 학생의 생활과 경험과 연결되도록 수업을 기획하는 것이 더 의미 있는 것이라 생각하고 재구성합니다.

김○○ 선생님(중학교 도덕)

다음은 중학교 도덕 교육과정에서 추출한 성취 기준이다.
욕구와 당위, 자신의 신념에 따른 행동, 무엇을 위해 사는가?
인간답게 산다는 것은 무엇인가?
타율의 문제점은?
나는 어떤 사람이 되고자 하는가?
바람직한 가정을 위한 구성원의 역할
친구 간의 갈등 사례 및 예방과 해결 방법
사이버 공간에서 지켜야 할 일
나는 타인을 어떻게 대해야 하는가?
폭력 예방 및 대처를 위한 방법은?
청소년 문화를 어떻게 보아야 하는가?
부패 행위, 왜 문제이고 해결책은 무엇인가?
시민 불복종을 어떻게 볼 것인가?
우리들의 소비 생활과 환경에 대한 가치관 평가

과학 기술이 현대인의 삶에 끼친 영향

모든 것을 용서할 수 있을까?

이상적 인간상에는 어떤 것들이 있는가?

자세히 살펴보면 시사 문제로 연결될 수 있는 성취 기준들이 대부분이다. 그리고 '신문 활용 교육'(NIE)을 실시해서 학생들이 교과서의 성취 기준을 신문에서 찾아볼 수 있도록 안내할 수 있다. 도덕은 우리의 생활이고, 가장 가까운 곳에 위치해 있다. 아울러 교과서에 대한 생각도 열려 있어야 한다. 교과서도 학생들에게 주어진 자료 중 하나라는 교사의 신념이 중요하고, 교과서의 내용에서 학생의 생활과 경험이 나올 수 있도록 재구성하는 교사의 수업 기획력이 필요하다.

물론 이러한 노력들은 다른 교과에서도 찾아볼 수 있다.

> 실생활과 연결 지을 수 있는 context를 제공할 수 있도록 'set up'하는 연구가 필요하겠습니다.
>
> 김○○ 선생님(초등학교 영어 전담)

> 그렇다면 실생활과 관련 있는 것을 찾아야죠. 저 같은 경우는 아직 초보 수준이지만 인터넷을 통해 교과 내용이 삶과 연결되도록 해당 기사나 뉴스, 동영상을 이용하고 있습니다. 교과서에서 배우는 내용이 실제 우리의 삶과 동떨어진 것이 아니라는 것을 상기시켜주는 거죠. 특히 사회과에서는 말입니다.
>
> 이○○ 선생님(고등학교 사회)

함께 배우는 공동체의 힘

이렇게 실생활의 문제를 교과서와 연결시켜서 학생들의 학습동기를 유발하려는 현장의 움직임도 있지만, 실생활과 연결에 한계가 있으므로 교과서 내용 자체로 학생들의 학습동기를 끌어내도록 해야 한다는 목소리도 있다.

> 어쭙잖게 실생활과 연관시키려면 죽도 아니고 밥도 아닌 수업이 되기 쉽습니다. 아이들의 동기는 차라리 공동체 내에서, 작은 거 하나라도 조금씩 배워나가도록 분위기를 만드는 게 맞다고 봅니다. 누구라도 첫 번째 기본 문제는 풀 수 있을 것이에요. 작은 거 하나라도 배우면서 성취감을 느끼는 아이는 수업 중에는 무관심한 척, 심드렁한 척 하더라도 수업 시간이 끝난 뒤, 친구들에게 물어보면서 배웁니다.
>
> 오○○ 선생님(중학교 수학)

오 선생님은 반드시 실생활과 관련이 없어도 아이들이 제시된 교과서의 내용 속에서 작은 성취감을 느낄 수 있다고 생각한다. 수업 시간에 반응이 없던 아이들도 서로에게 질문을 해서 배움으로 들어온다는 것이다. 그런데 오 선생님의 의견에는 숨겨진 전제가 있다. 그것은 실생활에 관련이 없어도 교과서 설명을 이해하거나 학습 욕구를 나타내는 학생이 교실이나 모둠에 최소한 한 명은 있다는 것이다. 그러한 상황에서 이 답변은 딜레마 상황에 대한 효과적인 접근 방법이라고 할 수 있다.

  엄 선생님도 교과와 실생활을 연결 짓는 것에 대해 회의적인 시선을 보낸다. 실생활과 관련짓지 않아도 학생들에게 학습동기를 유발할 수 있다고 주장한다.

> 수학이 실생활과 관련이 있음을 보여주는 여러 동영상, 사진 등이 있습니다. 이것들을 적절히 사용하면 학생들에게 학습동기 유발을 효과적으로 할 수 있어요. 그러나 도입이 끝나고 실제 조작으로 들어가면, 그때부터는 추상적인 논리와 수에 대한 이야기가 끝없이 펼쳐집니다. 그런데 나는 묻고 싶다. 그렇게 추상적인 이야기가 실생활과 직접 관련이 없어 보인다 하여 가치가 없다고 말할 수 있을까? 눈에 보이는 현상 이면에는 눈에 보이지 않는 본질이 있는 것입니다. 그 본질을 캐내고 접근해가는 과정은 결코 녹록치 않아요. 추상적이고, 철학적이고, 어렵기 때문이죠. 그러나 본질을 깊이 있게 탐구할 줄 알아야 표면에 보이는 현상들을 제대로 해석할 수 있어요. 예를 들어 미적분을 알아야 경제학을 이해할 수 있습니다. 미적분을 알아야 유체역학을 이해할 수 있습니다. 나는 경험적으로 지적 능력이 우수하고 지적 호기심이 많은 학생들은 실생활과 연관이 없어 보이는 추상적인 내용도 인내심을 가지고 탐구해 가는 것을 보았습니다. 문제는 그렇지 않은 대부분의 학생들인데, 그런 학생들에게 왜 이 공부가 필요한지를 알려주면서 동기부여를 하고자 하는 교사의 노력이 필요할 것입니다.   엄○○ 선생님(고등학교 수학)

수학 교과의 특성상 실생활과 관련 있는 사진이나 장면을 찾아서 동기 유발을 하지만 그것은 도입 부분에 잠깐 동안 할 수 있다. 그 다음에는 추상적인 논리와 수 이야기가 기다리고 있다. 그렇다면 '추상적인 이야기가 실생활과 관련을 지을 수 없다고 해서 가치 없다고 할 수 있는가?'라고 의문을 제기한다. 그러면서 왜 이 공부가 필요한지에 대한 이유를 알려주면 학습동기를 끌어낼 수 있다고 이야기한다. 물론 타당성이 있는 견해이다. 하지만 그것은 학생들 자체가 이미 지적인 호기심을 가지고 있다는 전제에서 출발을 한 것이다.

일상생활에서 패턴 찾아내기

이에 대한 다른 목소리도 있다.[6] 서울대 수학교육학과 권오남 교수는 다음과 같은 의견을 제시한다.

> 사실 우리를 둘러싼 세상 어느 것도 수학과 관련되지 않은 것이 거의 없을 정도로 수학은 실생활적인 학문이랍니다. 수학을 가르치면서 이러한 사실들을 발견해가는 기쁨을 주는데 소홀했던 것이 문제였죠. 수학이라는 학문을 탄생시킨 서구 사회는 수 세기에 걸쳐 고민하고 토론하며 완성한 것들을 우리는 수십 년이라는 짧은 시간에

---

6. 안소영(2012), 고등학교 1학년 교과서의 실생활 관련 문제 분석, 석사학위 논문, 고려대학교 교육대학원.
박준석(2010), 실생활 수학교육에 근거한 수학과 학습이 학업성취도 및 수학적 태도에 미치는 영향, 석사학위논문, 광주교육대학교 교육대학원.

배워야 했기에 주입식 문제 풀이에 집중할 수밖에 없었던 측면도 있었지만요. 개념과 공식을 암기하고 문제를 푸는 방식에서 벗어나 '생각하고 활용하는 수학'으로 바뀌어야 합니다.[7]

권 교수는 보다 근본적으로 학생들이 '왜 수학을 해야 하는가?'라는 의문을 품는 것부터 '어디에 어떻게 쓰이는가?'라는 질문에 답할 수 있어야 한다고 강조한다. 학생들이 이렇게 궁금증을 가지고 접근하는 것이 학습동기를 가지고 수학을 사랑하게 할 수 있는 것이다.

덴마크 로스킬데 대학교(Roskilde University) 수학과 박사과정에 있는 스틴(steen) 교수는 "수학은 일상생활에서 패턴을 찾아내는 것이다."라고 이야기한다. 우리 주변을 한번 살펴보면 일정한 패턴을 가지고 있다. 그것이 수학이다. 수학은 기호적인 것을 뛰어넘어서 생활 자체이다. 단지 우리가 발견을 하지 못하고 유심히 관찰하지 못했기 때문에 알 수가 없는 것이라고 이야기한다. 수학은 우리와 가장 밀접한 곳에 있다. 그래서 학습자들에게 관심을 열어 주도록 안내하는 길잡이 역할이 교사의 사명인 것이다. 수학은 두렵거나 어려운 것이 아니라 재미있고 흥미로운 대상이다.

저는 아이들에게 교실에서 휴대 전화를 사용하는 것이 헌

---

7. 《내일 신문》 2013-08-27

법의 기본권 행복 추구의 권리라고 가르칩니다. 그러나 한편으로 문화 지체적인 요소가 있어서 휴대 전화의 기능은 날로 새로워지지만 그것을 사용하는 학생들의 문화의식을 더디게 성장함으로써 격차가 벌어지고 있다고 가르칩니다. 물론 교과의 특성상 일상생활과 관련을 지어서 설명할 수 있지만 교사가 교과에 대한 정확한 이해가 선행되어야 하고, 교사의 눈높이가 아니라 아이들의 눈높이에서 찾으려고 할 때 학생들은 학습동기를 유발합니다.

강○○ 선생님(고등학교 사회)

강 선생님은 교사가 교과서의 내용을 정확하게 이해하고, 그것을 학습자의 눈높이에서 '사례 찾기'를 할 때 학습동기를 유발할 수 있다고 이야기한다. 헌법에서 기본권이 제한되는 경우는 국가 안전보장, 질서유지 및 공공복리라고 교과서에 씌어 있지만 학생들은 그냥 외우거나 별다른 의미 없이 받아들인다. 무엇이 질서유지인지 그 뜻을 이해하지 못하는 때가 많다. 이럴 때 추상적인 것을 '구체화하는 작업'이 필요하다. 구체화는 학습자의 일상생활에서 겪을 수 있는 '가장 가까운 것', '낯설지 않은 것', '쉬운 것'을 말한다.

그래서 교과서의 설명이 실생활과 관련이 없을 때 교사는 학생들의 학습동기를 유발하기 위하여 '연관 짓기', '사례 찾기,' '구체화시키기'를 할 수 있어야 한다. 이것은 교사 스스로 교과의 전문적인 이해 없이는 어렵다. 나는 지금 어떻게 교과서를 공부하고 있는가를 알아차려야 한다. 내 편에서 교과를 이해하는 것이 아니라 아이들의 편에서 교과를 이해하려는 마음이 아이들의 마음을 움직이고 배움으로 들어오려는 자세를 지니게 한다. 이것이 교실에서 학생의 동기를 끌어들이는 가장 최적의 딜레마 해결 방법은 아닐까.

학생이 교과 자체에 대한 흥미가 없을 때

선생님 거기 자고 있는 태현이 일어나세요.
선생님 "10분 이상 잔 것 같은데, 일어나도 되겠는데요.
학 생 남경 샘, 저는 국어 과목에 관심이 없어요.
선생님 그렇게 생각하는 이유?
학 생 관동별곡. 이게 다 뭡니까?
학 생 우리말이 있기나 하나요?
학 생 국어가 이래서 싫은 겁니다.
학 생 졸려요. 배우는 이유를 모르겠어요.
학 생 이거 한다고 제 인생이 달라지나요?
선생님 그건…….

태현이와 국어 선생님과의 대화이다. 태현이는 국어 시간에 자고 있었다. 국어 과목이 싫은 것이다. 가뜩이나 할 것이 많은데, 어려운 옛날 말이 나오는 관동별곡을 배우니 국어가 더욱 멀어지는 것이다. 태현이는 관동별곡을 배우는 이유를 모르겠다고 하면서 졸음을 참지 못한다. '그걸 배워서 무엇을 하겠는가?', '자신의 삶에 어떤 도움을 주는지 알지 못하는데, 열심히 해 볼 필요가 있는가?' 등 회의감을 느끼고 있다.

교사는 교과를 가르쳐야 하는 당위가 있다. 그런데 학생들은 배우고 싶은 마음이 없다. 교과 자체에 흥미가 없어서 공부할 의욕이 나지 않는 것이다. 이럴 때 교사는 어떻게 해야 하는가 딜레마에 빠지게 된다. 교과에 흥미가 없는 아이들을 깨워서 배움으로 초대하는 해결 방안은 어떤 것이 있는지 궁금하다. 지금부터 여러 선생님들의 딜레마 해결 방법과 고민을 들어보자.

환경적 영향과 내면적 접근

다음은 어느 초등 영어 선생님의 이야기인데 아이들이 흥미와 학습 욕구가 없는 이유를 환경에서 찾고 있다. 선생님의 경험적 문제의식도 잘 드러나 있다. 김 선생님의 이야기를 들어보자.

> 6학년 아이들에게서 이런 경우를 종종 발견합니다. 영어를 많이 쓰는 ESL 환경[8]이 아닌데다가 영어에 대한 학습 욕구가 없으니 흥미도 없고 학년이 올라감에 따라 요구되는 단어 암기, 숙제 등에 대해 더 거부감을 일으킵니다. 저도 이 부분 때문에 힘들었는데 교사의 입장에서 강요하는 것은 부작용만 낳는 것을 많이 경험했습니다. 사실 학생들도 영어 공부를 해야 한다는 '당위'감은 가지고 있기 때문입니다.
> 이 경우 학생의 마음을 읽어주는 '상담'적 접근이 필요한 것 같습니다. 어떤 부분이 어려운지 왜 영어가 싫은지 등을 물어봐주고 그에 맞게 독려하면 그 학생에게서 사실

---

8. 학습자가 영어를 사용하는 사회에 살면서 모국어가 아닌 제2언어로서 영어(English as a second language)를 배우게 되는 상황을 의미한다.

은 잘 하고 싶은 생각이 없지 않은 것을 발견하게 됩니다. 점점 뒤처지다 보니 더욱더 흥미가 없어지는 것이죠. 그리고 그 학생이 말한 부분을 교과 시간에 반영을 해야 합니다. 실제로, "그냥 싫어요!"라고 말한 경우 "왜 싫은데?"라고 물어보았을 때 "분위기가 싫어요."라고 답한 학생이 있었습니다. 아이들이 안 하는 행동을 보고 혼내다 보니 분위기가 더 어그러지고 그러다 보니 그런 분위기가 싫어서 더 싫어진 것입니다. 교사가 내 생각, 기준을 버리고 그 학생들이 좋아하는 노래, 게임 등 말한 내용을 실제 수업 시간에 반영해줌으로써 자신의 얘기가 반영되고 있다는 신뢰감을 심어주는 것이 홀로 소외되어 있다는 생각으로부터 조금은 벗어나게 해주는 것 같습니다.

김○○ 선생님(초등학교 영어 전담)

김 선생님은 아이들이 교과에 대한 흥미가 없어지는 이유를 아이들 둘러싼 '구조적인 환경'에서 찾았다. 영어에 대한 노출이 거의 없는 환경에서 아이들에게 주어지는 단어 암기나 숙제는 오히려 흥미를 더욱 떨어지게 하는 요인이 된다. 사실 아이들도 영어를 해야 한다는 것은 이미 알고 있다. 그런데도 잘 안 되는 현실에서 아이들은 속상해 한다. 이렇게 시간이 지나다 보면 아이들의 마음에는 영어 공부에 대한 상처가 자리를 잡게 된다. 나중에는 회복 불가능한 상처만을 남기고 교과로부터 영원히 도주하는 결과를 낳을 수 있다. 이럴 때 필요한 것은 무엇일까? 아이의 마음을 만져 주는 작업이 있어야 한다.

자신도 알아차리지 못하는 이유가 아이들에게는 있다. 아이들의 드러나지 않는 마음에는 다들 욕구가 있다. 자신도 잘하고 싶은 것, 평범하게 공부하고 싶은 삶의 욕구가 숨어 있다. 그것을 알아차리지 못할 뿐이다. 이럴 때 선생님의 도움이 필요하다. 아이들에게 궁금함을 갖고 질문을 던지는 것이다. 싫어하는 이유는 무엇인지, 정확히 무엇이 힘든지를 알아차리게 하는 것이다. 그러기 위해서는 선생님의 마음에 아이를 '담아내기'9 할 수 있는 마음의 자세가 있어야 한다. 아이들의 상처를 담아내서 독을 빼고 다시 선순환 시킬 수 있는 내면적 접근이 필요하다.

> 참 어려운 문제에요. 교과의 문제가 아니라 학생 개인의 내적 문제와 관련이 있다고 봅니다. 학생과 개인 상담 시간을 가져 관계 형성을 먼저 가지고 접근을 합니다. 한 학생에게 비전과 구체적 계획이 없는 상태에서는 어떤 좋은 수업 자료와 교수 방법이라도 흥미를 유발할 수 없기 때문에 학생의 가정환경을 파악하고 수업 시간에 눈을 맞추며 관심을 가져 주려고 해요.
>
> 김○○ 선생님(중학교 도덕)

아이들이 교과에 흥미를 갖지 않는 이유를 내면적 문제로 접근한다. 교과에 흥미를 갖지 않는 아이들과의 관계성을 유지하는 것이다. 교실을 가만히 들여다보면 자거나 좀비처럼 멍한 상태에 있

---

9. 김수연 교수가 액츠 교육대학원에서 상담과정 인지치료 강의에서 이야기한 용어이다.

는 아이들은 선생님으로부터 관심을 받고 싶은 마음도 있다. 감정을 서툴게 다루다 보니 표현이 거칠고, 행동을 통제하기가 어려우니 교사에게 반항을 하게 되는 것이다. 그런 아이일수록 관계 맺기에 정성을 들여야 한다. 아주 조그마한 변화에도 관심을 기울여 주는 언어적인 표현이 아이와 사이를 좁히는 기회가 된다.

예전에 만났던 아이 한 명이 있었다. 학교도 자주 무단결석하고, 집에서는 학교를 간다고 하고 학교에는 오지 않는 그야말로 말썽꾸러기 아이였다. 그래도 고마운 것은 시험은 봐야 한다는 생각은 있어 지필 시험이 있는 날은 꼬박꼬박 참석해서 대충 찍고 간다. 1교시부터 7교시까지 취침을 취하고 점심시간 이외에는 눈을 뜰 줄 모르는 아이였다. 자신은 학교에 왜 다니는지 모르겠다는 것이다. 앞으로 무엇을 해야 할지 깜깜하다는 것이다.

그러므로 본인이 지금 당장 할 수 있는 것은 현재의 모습밖에는 없는 것이다. "너는 어떤 꿈이 있니?" 질문을 던졌더니 꿈은 없지만, 단지 "평범한 회사원이 되고 싶다"고 했다. 아침에 출근하고 저녁에 퇴근하는 일상적인 회사원이 되고 싶다고 이야기를 한다. 그랬다. 아이에게 관심을 보이며 대화를 나누며 마음을 만져주니 자신의 이야기를 했다. 그리고 자신의 마음속에 꼭꼭 숨겨 놓았던 이야기를 꺼내놓으며 자신의 욕구를 발견한 아이도 깜짝 놀라는 것이다.

그래서 자신의 욕구를 충족하기 위해서 어떻게 해야 하는가를 질문했더니 관심을 가져야 한다고 대답을 했다. 그 관심은 어떤 것인가 물으니 자기 자신이라고 말한다. 자기 자신에 관심을 갖기 시작하니 주변이 보이기 시작했고, 사람들이 무엇인가를 향해서 움직이고 있는데, 자신도 이제부터 새롭게 살고 싶다는 욕구를 말한다. 이제 느낌이 어떠냐고 하니 마음이 편안해지고 무언가 정리된 것 같고, 자기가 해야 할 이유가 생긴 것 같다는 생각을 표현했다. 이런 과정을 통해 자기를 성찰하게 된 것이다. '욕구', '느낌', '관심'으로 이어지는 대화를 통해서 굳게 닫힌 아이의 마음을 열었고, 교과에 흥미가 없었던 아이를 배움으로 초대할 수 있었다. 이렇게 교실 안과 밖에서 아이의 마음을 만져주는 작업이 수업에서 흥미를 되찾아 오게 한다.

교과를 좋아했던 기억에 대한 접근

한편 교과에서 수업 디자인의 변화를 통하여 흥미를 되찾게 하여 딜레마 상황을 해결하는 경우도 있다. 장 선생님의 이야기를 들어보자.

> 6학년 학생의 경우에는 '흥미가 없다'는 의미가 '피아노를 잘 연주하는 것에 대한 흥미가 없다'는 것이라고 생각합니다. '흥미가 있다? 없다?'의 질문은 문제가 있습니다. 오히려 궁극적으로 질문을 유도하는 것이 좋아요. 학생에게 음악을 좋아했을 때를 질문해보죠. 음악적 요소에서 출발할 때, 흥미로운 부분에서 출발할 때 흥미롭게 됩

니다. 오빤 강남 스타일. 3박자. '대한민국'의 4박자 리듬. 점4음표, 8분음표, 4음표 3개입니다. 아이들이 사용하는 언어에서 리듬으로 출발하는 것이에요. 아이들이 일상적인 리듬에서 출발합니다. 친구들이 좋아하는 말 '정! 말로', 일상의 언어 '악!' 하고 소리를 질렀는데, 고음입니다. 자연스럽게 음악과 관련짓고 친근해지죠. 모차르트의 음악을 들려 줄 때도 리듬과 멜로디가 조합이 돼서 아이들이 즐길 수 있어요. 악보에서 찾으려고 하는 것이 아니라 실생활에서 찾으려고 합니다.

장○○ 선생님(초등학교 음악 전담)

장 선생님의 경우에는 음악에 흥미가 '있다, 없다'의 문제로 접근하는 것이 아니라 음악을 좋아했을 때를 질문해야 한다고 딜레마 해결책을 제시한다. 이 관점은 경험적이면서 색다른 관점이다. 아이들이 교과에 흥미가 '있다, 없다'의 이분법적 사고로 접근하면 대부분 흥미 없는 아이들에 대한 교사들의 상처만 존재할 수 있다. 사람의 마음을 어찌할 수 있겠는가 하면서 패배주의적 관점에 머물러 있을 수 있다.

이럴 때 생각의 전환이 필요하다. '있다', '없다'의 관점이 아니라 '언제 좋았냐?'의 질문에서 출발하는 것이다. 숨겨진 경험을 꺼내는 작업이 필요하다. 좋았던 경험을 되살려주는 것이다. 언제나 싫었던 경험만 있지는 않을 것이다. 한 번쯤은 좋았던 경험을 연결 지어 주는 것이다. 아이들이 가장 친밀하게 접할 수 있는 부분에서 시작을 하는 것이다. 일상적인 생활에서 찾아서 연결 짓는 노력이 흥미가 없는 아이들에게 배우는 기쁨을 다시 선물해 줄 수 있을 것이다.

 내 안에 감춰진 편견이 있다. 그것은 요즘 아이들은 시를 좋아하지 않는다는 것이다. 그리고 아이들도 시에 흥미를 느끼지 못한다고 대답했다. 그 이유는 무슨 내용인지 모르고 어려운 시어들이 나와서 내용을 이해하기가 어렵다는 것이다. 아이들은 자신이 왜 이것을 읽어야 하는지도 잘 알지 못하겠다는 것이다. 그래서 몇 가지 시도를 해 봤다. 먼저 수업 시간에 자신이 가장 좋아하는 시 제목을 적게 해 봤다. 그리고 왜 그 시를 좋아하느냐고 물어 봤다. 그랬더니 별 다른 이유는 없고, 교과서에 실려 있기 때문이라는 대답이 가장 많았다. 결국 내가 익숙한 것을 좋아하는 경향이 있다는 것을 발견했다. 그래서 수업 시간에 요일을 정해서 자신이 좋아했던 시를 친구들에게 추천해 보도록 했다. 그리고 시를 낭송하고, 그 이유를 설명하는 것이다. 나는 학생들이 교과서의 시를 써 올 것이라는 생각을 했다. 물론 첫 시간은 교사인 내가 추천하는 시를 읽어 줬다.

연탄 한 장

안도현

또 다른 말도 많고 많지만
삶이란
나 아닌 그 누구에게

기꺼이 연탄 한 장 되는 것

방구들 선득선득해지는 날부터 이듬해 봄까지
조선 팔도 거리에서 제일 아름다운 것은
연탄 차가 부릉부릉
힘쓰며 언덕길 오르는 거라네
해야 할 일이 무엇인가를 알고 있다는 듯이
연탄은, 일단 제 몸에 불이 옮겨 붙었다 하면
하염없이 뜨거워지는 것
매일 따스한 밥과 국물 퍼먹으면서도 몰랐네
온몸으로 사랑하고 나면
한 덩이 재로 쓸쓸하게 남는 게 두려워
여태껏 나는 그 누구에게 연탄 한 장도 되지 못하였네
생각하면
삶이란
나를 산산이 으깨는 일

눈 내려 세상에 미끄러운 어느 이른 아침에
나 아닌 그 누가 마음 놓고 걸어갈
그 길을 만들 줄도 몰랐었네, 나는

　나는 '여러분에게 연탄 한 장이 되고 싶다.'고 이야기를 했다. 어린 시절 우리 집에 수북이 쌓여 있던 연탄들, 그리고 연탄가스 덕분에 죽었다가 살아났던 일, 중학교 2학년 때 친했던 친구가 하루에 연탄 두 장밖에 사지 못하여 매일 산동네를 오르내렸던 뒷모습을 숨어서 목격했던 나의 부끄러운 시간들, 마지막까지 겨울이면 요긴하게 사용했던 연탄재 이야기까지 연탄 한 장과 관련된 가슴 아프고 즐거웠던 이야기를 했다. 그렇게 시에 대한 나의 감정들과 사연들을 꺼내 놓았다.

다음은 어느 여학생이 추천했던 시이다.

그 많던 여학생들은 어디로 갔는가
문정희

학창 시절 공부도 잘하고
특별 활동에도 뛰어나던 그녀
여학교를 졸업하고 대학 입시에도 무난히
합격했는데 지금은 어디로 갔는가
감잣국을 끓이고 있을까
사골을 넣고 세 시간 동안 가스불 앞에서
더운 김을 쏘이며 감잣국을 끓여
퇴근한 남편이 그 감잣국을 15분 동안 맛있게
먹어치우는 것을 행복하게 바라보고 있을까
설거지를 끝내고 아이들 숙제를 봐주고 있을까
아니면 아직도 입사 원서를 들고
추운 거리를 헤매고 있을까
당 후보를 뽑는 체육관에서
한복을 입고 리본을 달아주고 있을까
꽃다발 증정을 하고 있을까
다행히 취직해 큰 사무실 한 켠에

의자를 두고 친절하게 전화를 받고
가끔 찻잔을 나르겠지
의사 부인 교수 부인 간호원도 됐을 거야
문화센터에서 노래를 배우고 있을지도 몰라
그러고는 남편이 귀가하기 전
허겁지겁 집으로 돌아갈지도
그 많던 여학생들은 어디로 갔을까
저 높은 빌딩의 숲, 국회의원도 장관도 의사도
교수도 사업가도 회사원도 되지 못하고
개밥의 도토리처럼 이리저리 밀쳐져서
아직도 생것으로 굴러다닐까
크고 넓은 세상에 끼지 못하고
부엌과 안방에 갇혀 있을까
그 많던 여학생들은 어디로 갔는가

사실 부끄럽지만 이 시는 나도 잘 몰랐던 시였다. 그 여학생 때문에 알게 된 시이다. 자신도 지금은 열심히 공부를 하는 학생인데, 그런 자신의 모습이 앞으로 10년, 20년 뒤에 어떻게 변해 갈지 두렵다는 것이다. 그러면서 지금은 이렇게 똑같은 교복을 입고 있지만, 오랜 세월 뒤에 친구들이 어떻게 변해 있을지 궁금하다는 질문을 던지고 자신의 책상으로 들어갔던 기억이 난다. 그런 이유인지 그 뒤로 발표하는 아이들도 자신의 이야기를 담은 시를 들고 나와서 발표를 했다. 시에 관심이 없다던 학생들이었는데 그 학생들이 변화하고 있는 것을 느낄 수 있었다.

이렇게 내가 할 수 있었던 것은 영화 《프리덤 라이터스》(Freedom Writers)를 봤기 때문이다. 어느 한 교사가 삶의 의미와 수업에 대한 흥미도 없고 서로 적대하며 살던 아이들에게 일기 쓰기를 통해서 삶을 통째로 바꾸는 위대한 도전을 하는 이야기다. 영화 주인공 그루웰은 문학 교사이다. 그녀는 먼저 아이들을 유심히 관찰한다. 그리고 그들이 교실 밖에서는 서로 모여서 소통을 하고 있는 것을 발견하고, 서로를 알 수 있는 기회를 준다. 그리고 일기 쓰기를 권한다. 형식도 없고 내용도 자유롭게 선택하되 비밀이 보장된 그러나 매일 써야 하는 규칙에서 아이들은 자신의 이야기를 써 나아간다. 그리고 〈안네 일기〉를 통해서 '홀로코스트' 이야기를 공유하기 시작한다. 아이들은 '홀로코스트'의 아픔을 겪은 사람들을 만나면서 변화하기 시작하고, 그동안 교실 안과 밖에서의 삶의 모습이 잘못되었음을 스스로 깨닫기 시작한다. 그리고 책을 읽기 시작한다. 글쓰기에 아무런 흥미도 갖지 않던 아이들이 일기를 통해서 자기를 드러내기 시작하고, 자기 성찰을 하기 시작한다. 도저히 할 수 없었던 글쓰기와 글 읽기를 하는 것이다.

이렇게 학생들이 변화한 데는 그루웰 선생님의 헌신이 있었기 때문에 가능했다. 흥미를 잃고 학습을 거부하는 아이들과 감정싸움을 하기보다 그들의 편에 서서 이해해주는 변호사의 역할을 했고, 아이들의 일상생활을 세심하게 관찰하여 그들의 아픔을 서로 이해하는 관계의 장을 만들어줬고, 그들이 살아가는 방식이 잘못되었다는 것을 깨우쳐주기 위해서 아픔을 갖고 살았던 한 사람 한 사람을 직접 만나게 해줬다. 그리고 자신의 감정을 드러낼 수 있도록 '안전지대'를 만들어서 일기를 쓰도록 한 것이다. 학습장애를 가진 아이를 만났을 때도 교사가 나서서 해답을 주지 않고, 친구들이 해결을 할 수 있도록 수용성을 보여주는 것도 인상적이었다.

아이들은 친구의 깨달음을 보고 공부에 대한 흥미를 되찾을 수 있다. 보는 것만으로도 좌절 대신 용기를 얻을 수 있다. 같은 아픔을 소유한 아이들이기 때문에 서로 공감하면서 학습에 대한 흥미를 일깨워가는 것이다. 이런 경험을 할 수 있도록 교사는 옆에서 지지하고 격려하는 역할을 담당한다.

학생이 교과 이해에
필요한 기초와 배경 지식이 없을 때

학생의 의욕이나 기초 지식이 없을 때는 교사의 교과를 대하는 태도가 중요하다고 생각합니다. 교과에 대해 즐거워하는 교사의 마음이 전해질 것이고, 학생을 격려하고 작은 성취에 칭찬하는 것부터 시작해야 할 것 같습니다. 저희 반 한 아이도 수학에 관해서 숙제가 좀 미뤄지거나 그 날 성취가 다 이루어지지 않아도, 한 만큼만 칭찬해주면서 점점 나아지고 있습니다.

수학은 친구들과 서로 배우는 것도 아주 좋습니다. 가르치기 좋아하는 아이가 있는데, 그렇다고 매번 가르치라고 하면 힘들어 하니까 조율이 필요하긴 합니다. 친구에게 배우고 싶거나 선생님에게 배우고 싶어 하는 아이가 있다면 교실에서는 원하는 대로 해줍니다.

기초 지식이 없을 때는 사실 전(前) 학년 단계부터 살펴줘야 하는데, 학교에서 업무라는 핑계로 학습이 부진한 학생을 가르칠 때 현재 학년 단계 위주로 가르치게 됩니다.

가정에서 연계하여 지도하는 것이 안 돼서, 중하위권 학생에 대해서 학부모님들은 현재 학년 단계의 내용을 지도하기를 바라기도 합니다. 전 학년 것을 체계적으로 이해하는 데 시간이 필요하다는 것은 특수한 아이라는 부정적인 견해를 가지고 있어 힘든 것 같습니다.

요즘은 학습 전담 교사가 있어서 수학 부진 학생을 방과 후 한 반에 한 명 정도는 이전 학년 것부터 아이들 수준에

맞추어 지도하고 있어요. 학습 전담 교사원 제도가 잘 운영되는 학교는 도움을 받고 있습니다.

박○○ 선생님(초등학교 교사)

학습에 어려움을 겪어 도움이 필요한 배움 찬찬이[10]는 언제든 우리 교실에서 존재할 수 있다. 우리는 이런 유형의 학생들을 만났을 때 어떤 자세를 지녀야 할까? 박 선생님은 교사가 자신의 교과를 바라보는 긍정적인 태도에 달렸다고 생각한다. 교사가 자신의 교과를 즐거워하는 것을 아이들에게 보여주는 것이 필요하다. 가르치는 사람이 즐거워하는 것을 보는 것만으로도 학습동기가 유발될 수 있는 것이다.

그렇다면 지금 우리는 한번 생각을 해봐야 한다. 진정으로 나는 내가 가르치는 교과를 사랑하고 있는가? 그것이 당위적이고 의무적인 것은 아닌지 자기 성찰을 해봐야 한다. 그렇다면 아이들도 교과를 사랑하는 선생님의 마음을 알아차리지 않을까.

그렇기 때문에 아이들의 작은 성취에도 고마워하고 기뻐해야 할 것이다. 아이들은 각각 배움의 속도가 다르다는 것을 인식해야 한다. 아이들은 출발점이 모두 다르다. 학습에 어려움을 겪는 아이를 지적하는 것은 학습동기를 유발하지 못하고 '나는 못하는 아이'라는 낙인 효과만을 낳을 뿐이다. 조그마한 성취를 칭찬해주는 과정에 대한 격려가 있어야 한다. 완전히 해내지 못해도 아이가

---

10. 좋은교사운동에서 실시하고 있는 교육실천운동이다.

한 것에 대한 인정을 해줘야 한다.

좋은 경험을 선순환하는 수업 디자인

아이가 '실패할 때까지 기다렸다'(wait to fail)[11]가 개입하는 경우는 학습 결손만 가져올 뿐이다. 실패를 맛보기 전에 성취의 기쁨을 누린 것에 대한 칭찬이 아이들의 학습동기를 일으킬 수 있는 것이다. 좋은 경험이 선순환하는 관계로 수업 디자인을 해 나가면서 학생의 필요를 채우는 평가를 해야 할 것이다.

그렇다면 어떻게 수업 디자인을 구성하는 것이 좋을까? 이 선생님의 이야기를 들어보자.

> 교과 자체에 흥미가 없는 아이들이 고학년으로 갈수록 많아집니다. 특히 수학은 점점 더 어려워지고 잘하려면 시간을 많이 투자해야 하기 때문에 저학년부터 수학을 못하는 아이들이 수학을 더 멀리 하게 됩니다.
> 그래서 의사가 환자를 진단하듯 먼저 수학에서 어디에서 장애를 가지고 있는지 진단하고 큰 덩이가 아니라 작은 덩이로 학습을 나누어서 조금씩 과제를 제시하며 수학에 대한 막연한 두려움을 없애는 것이 필요합니다.
> 이○○ 선생님(초등학교)

---

11. 좋은교사운동 '학습부진과 학습장애, 그 대안을 제안한다' 토론회 자료집, 2013.

아이들이 교과에 흥미를 잃었다는 것은 학습의 불연속적인 상태가 있다는 것이다. 학습이 진행되지 못하고 연결되지 못하여 생기는 학습 결손이다. 이런 학습 결손이 누적되면 흥미를 잃게 되게 된다. 그래서 학습에 장애가 어느 정도인지 진단을 하는 절차가 먼저 필요하다. 어디가 아픈지 알아야지 치료가 가능하기 때문이다. 그리고 학습의 양을 조절하면서 소화가 가능한 정도를 가르쳐야 한다.

학습을 잘게 나누어 배움의 진입로를 만들어서 아이들이 더 잘 배울 수 있도록 한다. 예컨대 분수 2/3와 3/5의 크기를 비교하라는 학습을 할 때[12], 먼저 색종이를 가지고 1/2 접기를 하고 1/3 접기 그 다음 절차로 2/3 접기를 한다. 그런 후에 1/5 접기를 하고 3/5 접기를 한다. 사실 이 수업은 통분의 개념을 가르치려고 한 것이다. 만약 아이들에게 바로 통분하라고 했다면, 아이들 중에서 선행학습을 한 눈치 빠른 친구가 나서서 수업을 주도하면서 학습을 따라가지 못하는 아이들이 다수 생겼을 것이다. 그런데 통분의 큰 덩이 수업을 작은 덩어리로 나눠서 학습을 했기 때문에 학생들이 학습동기가 생겨서 수업을 따라갈 수 있었다. 그리고 아이들 중에는 1/2을 잘 접었지만 1/3을 접기 어려워하는 아이들이 있었고, 3/5을 접지 못하고 한참 어려워하는 아이도 있었다. 그런 아이가 다음 학습으로 나아가지 못할 때 교사의 개입으로 학습에 대한

---

12. 좋은교사 수업 코칭연구소 송칠섭 선생님의 수업이다. 좋은교사 수업코칭연구소 카페(http://cafe.daum.net/happy-teaching/)에 수업 동영상이 탑재되어 있다.

장애를 극복하고 다음 단계에서 더 나은 배움의 모습을 보여 주기도 했다.

공동체적 배움을 통한 격차 극복

물론 교사의 적절한 개입으로 학생들이 학습에 대한 장애를 해결하고 학습동기를 갖는 경우도 있지만, 멘토와 멘티 관계를 형성해서 학습동기를 유발할 수도 있다. 남 선생님의 이야기를 들어보자.

> 우선 가장 힘든 경우부터 따져보자. 영어 실력이 크게 뒤처져 영어를 어렵게만 느끼고 기피하는 경우는 쉬운 문제가 아닙니다. 많은 교실에서 영어를 정말 못하는 아이들은 글자를 쓸 수 있을 정도밖에 하지 못합니다. 거의 모든 단어를 읽지 못해요. 한 문장을 읽으려면 누군가가 읽어주거나 우리말로 발음을 적어줘야 겨우 읽어요. 이런 학생들이 읽을 정도로 도움을 준다면 좋겠지만 다른 학생들과 실력의 격차가 너무 크기 때문에 기다려줄 수 없는 것이 현실입니다. 이런 학생들에게 영어에 대한 흥미를 심어주는 방법은 몹시 제한적이지만 관계를 통한 해결책이 있어요. 모둠을 형성하고 모둠 내에서 한 학생이 지속적으로 도와주는 것입니다. 관계를 맺어주고 자신의 역할을 충실히 하면서 조금씩 못하는 친구가 성장하는 것을 보는 성취감은 혼자 잘해서 갖게 되는 성취감보다 크지

요. 이러한 종류의 성취감은 뿌듯함과 연관되어 있고 남을 도와줄 수 있음에서 비롯된 존재의 가치를 경험하게 됩니다. 따라서 이런 관계를 맺을 때 도와주는 학생이 그런 가치를 상상할 수 있도록 도와주고 힘들 때는 교사가 어떤 식으로든 관계를 떠나지 않도록 도와줄 필요가 있어요. 못하는 친구가 잘하는 것을 볼 수 있는 기회를 부여하는 것이 필요합니다. 조금만 잘해도 공개적으로 칭찬해주고 성취감에 기뻐할 수 있는 분위기를 형성해야 합니다. 또한 못하는 학생이 해결하는 과제가 너무 어렵지 않아 도전할 수 있는 과제를 만들어 주는 것도 필요합니다. 이를테면 i+1 정도(여기서 i는 그 학생의 현재 실력)가 되겠습니다.

남○○ 선생님(중학교 영어)

교사가 10분 이상 설명해도 모르는 것을 아이들은 단 10초만에 자신들의 언어로 설명한다. 교사의 개입을 통해서 학습에 대한 장애를 해결할 수 있지만 아이들과 관계성을 통하여 멘토, 멘티를 만들어줘서 학습동기를 유발할 수 있는 것이다. 이때 중요한 것은 지속적인 관계와 책임이다. 또한 교사가 이 둘의 관계를 관찰하는 주의력도 있어야 한다. 배우면서 함께 성장하는 기쁨을 누릴 수 있는 경험을 해보도록 하는 것이 필요하다.

물론 느슨한 형태의 멘토와 멘티 관계를 통해서 배움이 느린 아이들에게 학습동기를 유발할 수도 있지만, 좀 더 구조화된 역할을 부여함으로써 학습동기를 유발해서 배움에서 뒤쳐진 학생들을 돕는 방안이 있다.

배움은 개인화된 배움에서 협력을 기반으로 한 공동체적 배움으로 나아간다.[13] 공동체적 배움에서 동료성은 중요한 핵심 역량이다. 혼자 하는 것이 아니라 함께 하는 가치와 의미를 내재화하는 것이 중요하다. ST(student-co-teaching)는 엄밀하게 말한다면 '또래 가르치기' 수업이다. 또래란 나이와 문화적인 환경이 비슷하여 공감을 이끌어내기 쉬운 공동체다. 교사의 설명은 어렵거나 딱딱해서 학습자들이 이해하기 어려울 수 있지만 또래는 그들의 소통 방식으로 다른 학습자를 이해시키고 설득한다. 1차적인 지식의 유통자일 뿐만 아니라 2차적인 지식의 생산자가 되는 것이다.

비고츠키(Vygotsky)의 근접발달영역에 따르면 혼자 해결할 수 없는 과제를 자신보다 조금 뛰어난 상대방에 의하여 학습 목표를 도달할 수 있다. 이 이론에 따라서 주도적인 멘토의 역할을 ST가 담당하여 동료들의 학습을 도와주는 역할의 또래 가르치기로서 자리를 잡을 수 있게 된다. 이렇게 되면 주도적인 멘토 역할을 했던 ST도 내용적인 측면에서 확실하게 내면화가 이루어지고 가르침을 받았던 학습자도 학습의 성취도가 향상되는 것을 볼 수 있다.

ST가 중심이 된 수업의 절차는 다음과 같다. 수업의 절차를 두 가지 형태로 나눠서 실시를 하였는데, 첫 번째는 소집단 활동을

---

13. 이규철, 「배움 중심의 수업사례」, 경기교육, 2011.

위주로 해서 ST가 세 명의 학생들을 가르치는 것을 중점으로 한다.

(1) ST에게 발표할 과제를 부여한다.

(2) 발표를 맡은 ST는 여러 가지 자료를 활용해서 자신에게 주어진 과제를 완성한다.

(3) 발표 자료를 만들어 와서 모둠원들에게 배부를 한다.

(4) ST를 세 그룹으로 나눠서 먼저 자신들이 공부한 것을 함께 공유하는 시간을 갖는다.

(5) 이때 지도교사가 개입해서 학습의 오류를 확인해주고 수정하는 과정을 거친다.

(6) 10~15분 정도 ST 그룹의 확인과 점검의 시간이 끝나면 자신이 속한 모둠으로 돌아간다.

(7) 자신이 속한 모둠에 돌아오면 동료들에게 자신이 공부한 것을 알려주고 질문을 받는다.

(8) 질문은 수업 관찰 노트에 기록하고 질문이 3개 이상이면 상점을 주고 질문 내용을 기록한다.

두 번째는 대집단 활동을 중심으로 ST가 설명하고 질문을 받는 방법이다.

(1) ST에게 발표할 과제를 부여한다.

(2) 발표를 맡은 ST는 여러 가지 자료를 활용해서 자신에게 주어진 과제를 완성한다.

(3) 발표할 내용을 유인물로 제작하여 학습자들에게 배부한다.

(4) 발표 시간은 20분 내외를 사용하도록 한다.

(5) 발표 방법은 독창적으로 할 수 있게 한다.

(6) 질문 받는 시간을 마련해서 학습자들의 알려고 하는 욕구를 만족시킨다.

(7) 스스로 문제를 만들어서 배운 내용을 확인하는 과정을 거친다.

(8) 교사가 ST가 발표할 내용을 들으며 점검하면서 오류를 수정해 준다.

그리고 이 과정에서 놓치지 말아야 할 것을 김 선생님이 이야기를 한다.

> 이 경우 현재의 학교생활과 학생 개인의 평가는 교과 성적으로 평가하는 것이 큰 부분이기 때문에 내적 열등감을 아주 많이 가지고 있어 조심해서 접근해야 합니다. 학생이 주로 가진 관심 분야가 무엇이고 장점이 무엇인지 찾아 작은 것을 칭찬해주는 것으로 관계를 형성합니다. 수업과 관련하여 거의 말을 하지 않기 때문에 협동학습 모형을 도입하여, 모둠 구성원을 잘 만나면 최소한 눈을 맞추고 웃으며 들을 수 있는 시간을 가질 수 있습니다. 현재 2학년 담당 학급에서는 모둠 세우기 과정에서 어려움을 겪고 있어 소외되고 있는 학생의 모습이 관찰됩니다. 수업 시간 이외에서 만나면 자신의 모습을 드러내므로 학생의 교과 이외 다른 재능을 발견할 수 있는 접촉의 시간이 필요합니다. 그런 시도를 합니다.
>
> 김○○ 선생님(중학교 도덕)

지속적인 돌봄을 위한 학교의 지원 제도

관계성이 중심이 된 구조라도 소외가 일어날 수 있다. 그러므로 교사의 관찰을 통해서 어려움을 겪는 아이들에 대한 돌봄이 있어야 한다. 지속 가능한 돌봄을 통해서 아이들이 학습에 흥미를 지닐 수 있도록 도와줘야 한다. 그러면서 학교의 구조적인 접근도 필요하다. 김 선생님의 이야기를 들어보자.

> 다소 개인적인 돌봄이 필요한 것 같습니다. 전체적으로 부족할 때에야 전체적으로 보완을 해 주지만 대부분 개인적으로 뒤처질 때가 많은데 그것을 짚어줄 수 있도록 모둠 활동, 개인 활동을 할 때 개인적인 돌봄을 자꾸 해줄 필요가 있는 것 같습니다. 가능하다면 보충 학습을 하면 더 좋겠지요.
>
> 김○○ 선생님(초등학교 영어 전담)

기초가 부족하거나 배경지식이 없어서 학습에 어려움을 겪는 아이들을 개인적으로 돌보는 학교 구조의 지원이 딜레마 상황을 해결할 수 있다. 학습 전담 교사원이나 학습 보조 교사가 있어서 학생들의 부족한 학습을 채워줄 수 있다.

용인에 있는 H고는 과학 수업 시간에는 두 명의 교사가 수업을 진행한다. 한 명의 교사는 칠판 앞에서 과학 수업을 진행하면서 학생들을 가르치고 있고, 다른 한 명의 교사는 아이들이 손을 들면 바로 찾아가서 답변을 해주고 있었다. 질문에 주로 답하는 교사는 학습 보조 교사였다. 학습에 있어 수준 차이가 심하게 나는 과목을 선정하여 그 과목의 학습 보조 교사를 선발하여 아이들을 돕고 있었다.

시흥의 J중학교 영어 수업에도 두 명의 교사가 있었다. 한 명의 교사가 설명을 하면 아이들이 대답하고 그 대답한 내용을 다른 교사가 적는다. 아이들은 이곳저곳에서 질문을 한다. 그러면 답변을 하러 학습 보조 교사가 모둠을 찾아다닌다. 아이들이 실패할 때까지 기다리지 않는다.

이 두 학교의 공통점은 학생들이 학습에서 장애에 부딪치는 순간에 학습 보조 교사가 항상 옆에 있기 때문에 즉시 도움을 받을 수 있다. 그리고 아이들이 모르는 것을 두려워하지 않는다. 언제든지 학습에 장애가 일어나면 질문과 답변을 통해서 해결할 수 있기 때문이다.

학생이 수업의 주제와 내용보다는
시험 준비만을 요구할 때

이 선생님 너 거기 뭐하고 있어.

유진 책 보고 있는데요.

이 선생님 지금 배우고 있는 단원이 어디냐?

유진 선생님, '나를 찾아 떠나는 여행'이오.

이 선생님 그런데 너는 다른 곳을 펴고 있는 것 같은데?

유진 지금 배우는 부분은 중요한 단원이 아니라서 시험에 나오지 않잖아요.

이 선생님 중요하고 중요하지 않고는 네가 판단할 사항이 아닌 듯한데.

유진 저는 시험을 잘 치르고 싶어요. 그러기 위해서는 선생님 수업에서 시험을 준비하는 데 초점을 둬야 한다고 생각합니다. 그래서 저는 시험에서 중요하게 생각하는 부분을 공부하고 있습니다.

이 선생님 학교는 시험을 준비하는 곳만은 아니다. 시험보다 중요한 것이 뭔지 아니? 그것은 삶을 살아가는 태도를 배우는 것이지. 공부하는 태도를 익히는 것이 시험을 준비하는 것보다 중요하다고 생각하는데.

유진 그런데 시험을 잘 못 본다면 모든 것이 끝나는 것이 아닌가요?

이 선생님의 딜레마는 시험 준비를 요구하는 학생과 불편한 관계에 놓였을 때 어떻게 문제를 풀어갈 것인가에 있다. 이런 경우가 초등학교 교실에서 벌어지는 것은 그리 흔하지 않을 수도 있다. 왜냐하면 학생들이 적극적으로 자신의 생각을 표현해서 선생님의 가르침에 대하여 이의를 제기하는 경우는 많지 않을 수 있기 때문이다. 물론 상급학교 진학을 목전에 둔 아이들이 많은 지역의 초등학교에서 생길 수도 있겠지만 이와 같은 상황이 일어나는 공간은 중·고등학교가 많으며 특히 고등학교에서 종종 생길 수 있는 딜레마일 수 있다.

가끔 문과 관련 과목의 선생님들은 이과 반에서 수업을 할 때 이상한 눈초리로 학생들이 쳐다보는 경험을 했을 것이다. 전인적인 교육을 교육적 신념으로 삼고 교과의 내용과 관련된 인생사는 이야기며, 작품과 관련된 이야기를 하다 보면 학생들이 자거나 하품을 하는 등 간접적인 반항을 해오는 경우가 있다. 어떤 때는 다른 과목을 내놓고 공부하기도 한다. 이런 난감한 상황에 놓였을 때 그 상황을 이겨낸 것은 교사의 당위성이었다. 수업이 반드시 시험을 위해서 존재하는 것은 아니며 학교에서 배우는 것은 인생을 살아가는 태도이며, 공부하는 태도를 익히는 것이다. 이것은 시험을 준비하는 것보다 더 우선순위에 둘 수 있다는 나의 신념을 이야기하지만 여전히 마음속에 남는 불편함이 있다. 그래서 간혹은 지금 배우는 내용이 내신과 관련이 높으니 반드시 공부를 해놓으라는 요구를 많이 하는 경우도 있다. 이것은 학습의 동기를 시험 준비에서 찾는 경우이다. 남 선생님의 이야기를 들어보자.

영어를 배우는 학생 중에 70% 이상은 시험을 위한 공부를 해요. 교과서에 교사의 설명을 적거나 해석을 적는 이유는 나중에 시험 공부를 편하게 하기 위함이지요. 시험에 안 나오는 부분은 크게 X를 치는 이유도 마찬가지입니다. 교사는 학생들이 시험과 관련해서 공부를 하는 점을 이용하기도 해요. 학생이 수업에 집중하지 않을 때 가르치는 부분이 시험에 나온다고 말을 합니다. 학생의 관심을 끌기 위해서이지만 결국 학생의 관심을 시험으로 집중시키는 부작용을 가져옵니다.

남○○ 선생님(중학교 영어)

아이들에게 "이것은 시험에 나오는 것이다. 그래서 중요하다. 별표를 해 놓으면 시험에서 좋은 점수를 받을 수 있다."는 이야기로 수업에 집중하게 한다. 이에 아이들은 유난히 큰 별을 서너 개 이상 그린다. 그리고 귀를 쫑긋하며 경청을 한다. 결국 시험을 잘 보길 원하는 아이들의 심리를 적극적으로 수용해서 학습으로 들어오게 하는 해결책을 시도하게 되는 것이다.

평가에 대한 교사의 신념, 아이들과 공유하기

물론 이런 방법이 딜레마 해결 방법의 최선은 아닐 것이다. 그래서 최 선생님은 교사의 확고한 신념이 중요하며 수업의 본질에 대한 자신의 소신을 아이들과 나눔으로써 딜레마 상황을 극복할 수 있는 방안을 제시한다.

평소에 시험과 공부에 대한 나눔을 합니다. 시험은 '학생에 대한 평가가 아니라 완전히 알게 하는 것이다.'라는 얘기를 나누며 시험에 대한 본질적인 의미를 알려 줍니다. 이런 상황 때문에 시험 준비만을 요구하는 학생은 거의 없었습니다. 노트 검사를 할 때 이 시간까지 해오기로 약속했으니 여기서 끝이 아니고 다음 시간에 해오면 다시 검사를 해주고 그 다음 시간에 해오면 또 검사를 해줍니다. 평가란 다음을 위한 준비라고 함께 이야기를 나눕니다.

그러나 "시험이 얼마 안 남았으니 정리를 해주세요." 또는 "자율 학습할 시간을 주세요."라고 요구하는 학생들이 있었는데, 상황에 따라 다르게 대응했습니다. 대개는 정리나 자율 학습을 하지 않고 수업을 진행합니다. 수능 전날까지도 필요한 수업을 진행합니다. 수업의 주제나 내용을 파악하는 것이 학생의 인생에 도움이 된다는 확신을 가지고 있기 때문입니다. 시험이 인생을 만들어주는 것이 아니고 평소의 생각과 학습하기, 나누기가 인생을 만들어준다는 교사의 신념이 확실하고, 수업에서 계속 이런 것을 나누기 때문에 학생들도 이내 수업에 참여합니다.

최○○ 선생님(고등학교 과학)

평상시 수업 시간에 교사가 가지고 있는 평가에 대한 신념을 아이들과 공유하는 시간을 갖는 것이 아이들이 시험을 바라보는 태도를 변화시킬 수 있다. 아이들은 시험을 평가로 보기에 시험을 위한 평가에서 낙오자가 되기 싫어한다. 다른 친구들보다 좀 더

앞서는 자신의 모습을 꿈꾸는 것은 아이들의 욕구이다. 이런 모습은 아이들이 가정과 학교에서 문화로부터 체험한 부산물이다. 구조적인 측면을 간과할 수 없는 것이다.

하지만 교사가 지속적으로 시험에 대한 올바른 신념을 이야기하는 것은 습득된 구조의 벽을 무너뜨릴 수 있는 투석기가 될 수 있다. 아이들과 교감하는 협력적 관계에서 수업의 내용과 주제가 인생을 살아가면서 얼마나 중요한지, 시험이 인생의 전부가 아니라는 자신의 신념을 학생들에게 이야기를 하는 작업이 필요하다. 지금, 여기에서 나누는 수업 이야기가 자신의 미래를 만들며, 앞으로 마주하게 될 어려움을 이길 수 있는 '슬기 구멍'[14]이 생긴다는 것을 이야기해야 한다.

그럼 아이들은 어떻게 학교 수업을 생각할까?[15]

> 학교 말고도 다른 학원이나 기타 수업에 있지만 학교에서 배우는 수업은 인생을 배우는 학습 단계라고 생각해요. 집에서 지내는 시간보다 학교에서 지내는 시간이 많은데 선생님께서 미래를 제시해주시고, 그 말씀을 되새기며 조금씩 나아가면서 인생에 대해 배웁니다. 수업 시간이 다양하고 또 다양한 선생님이 있는 만큼 여러 미래를 느낄 수 있고 내다볼 수 있기에 수업 시간은 인생을, 아니, 사

---

14. 문미항 선생님과 '수업 나눔'을 하면서 이야기 한 내용이다. 문 선생님은 학생들에게 '슬기 구멍'에 대한 여러 가지 사례를 수업하면서 아이들이 다른 사람의 이야기를 듣는 것, 수업 내용을 잘 이해하는 것, 이것이 인생을 사는 데, 도움을 줄 수 있는 '슬기 구멍'이 생기게 하는 요건이라는 것이다. 문 선생님은 아이들이 학습에 동기를 갖고 나오도록 친절하게 부드럽게 이야기를 한다.
15. 이규철, 「고등학생의 학업생활과 문화에 대한 이해」, 한국교육개발원 연구자료 RRM 2009-8.

회 나가기 전 겪는 중요한 단계라고 생각합니다.

S고 학생 송○○

학생들도 수업 시간을 사회로 나아가는 중요한 단계라고 생각하고 있으며, 학교에서 배우는 수업은 인생을 배우는 학습 단계라고 생각한다. 수업을 통해서 미래를 볼 수 있고, 준비하는 시간이라고 이야기를 한다. 그러면서 지나치게 시험을 준비하기 위한 수업을 했을 때에는 오히려 학습의 흥미를 떨어뜨려서 배움에서 도주하게 되며, 창의성과 사고력 발전에 도움을 주지 않는다고 이야기를 한다.

학교 수업이 이론적인 부분만 너무 강조하기 때문에 공부에 대한 흥미를 오히려 떨어뜨리는 것 같아요. 게다가 학생들에게 학습 내용을 제대로 이해시켜주려는 것보다 그냥 시험을 위한 개념 설명, 문제 풀이밖에 하지 않아서 학생들의 창의성과 사고력 발전에 별로 도움이 되지 않고 있어서 나에게 학교 수업은 의미가 없어요.

S고 학생 강○○

실제 능력을 중심으로 한 수업

수업의 내용적인 측면에서 접근해서 딜레마 상황을 해결하고자 하는 남 선생님의 이이야기를 들어보자.

'4 skills'을 각각 가르치지 않고 서로 연결되고 통합된 방식으로 가르쳐야 해요. 예를 들어, 듣기는 말하기와 연결되어 있어요. 또한 쓰기와도 연결되어 있고요. 읽기도 마찬가지입니다. 듣기와 읽기는 이해 기능이고 말하기와 쓰기는 표현 기능이기 때문에 이해하고 난 후에 표현을 해야 의사소통이 됩니다. 이런 식으로 자주 연결 지어 가르치면 학생들은 시험이 아닌 언어로서의 영어를 더 잘 배울 수 있게 됩니다.

남○○ 선생님(중학교 영어)

남 선생님은 딜레마 해결 방안으로 언어로서 영어를 가르치는 방법을 제시한다. 학생들이 듣기, 말하기, 읽기, 쓰기를 따로 따로 학습하는 것이 아니라 통합적으로 연결해서 이해와 표현을 절차적으로 배운다. 이로써 시험 준비가 아닌 언어로서 영어를 배울 수 있게 하는 것이 실제적인 영어 의사소통 능력을 향상시키는 방법이 될 수 있다고 이야기한다.

일반적으로 수능에는 시(詩)가 몇 편씩 나온다. 그리고 수업 시간에는 시 공부를 한다. 학생들이 시를 공부하는 이유는 무엇일까? 수능에서 언어 영역 시험을 잘 치르기 위해서다. 좋은 점수를 얻기 위하여 수업 시간에 시를 배운다. 그런데 수능에는 자신이 배운 시만 나오는 것은 아니다. 이때 학생들에게 어떻게 가르치는 것이 좋을까 고민이 될지 않을 수 없다. 내가 가르치는 시 수업을 통해서 아이들이 진정한 시를 감상할 수 있는 능력이 생길 수 있을까에 대한 의구심이 생긴다.

그래서 곧잘 시를 잘게 부수어 분석하는 작업을 한다. 그래야만 아이들이 시 수업을 받았다고 생각하기 때문이다. 잘 요약이 되고, 구조화된 형태로 아이들은 시를 머리에 남긴다. 시를 가슴으로 느끼거나 진심으로 좋아해본 경험이 없는 경우가 많기 때문이다. 이렇기 때문에 시에 마음이 가지 않거나 수능 시험을 치른 후에는 모두 폐휴지통으로 사라지고 만다. 그런 후에 시(詩)하고는 영원히 작별 인사를 고하고 만다.

시험 때문에 공부한 시는 시험지와 함께 사라지고, 머리에도 가슴에도 남아 있지 않은 기억할 수 없고 기억하기 싫은 존재가 된다. 시의 맛을 알지 못한 채 굳어버린 혀가 되는 것이다. 이제 맛을 잃어버린 혀에게 깊은 맛을 선물해 줘야 하지 않을까. 학생들을 진정한 배움으로 초대하는 것이 시의 진짜 맛을 느낄 수 있는 것이 되지 않을까.

다음에 제시된 시를 읽는다. 그리고 가장 인상 깊은 구절을 찾아서 그 이유를 말해 보자. 물론 자신의 생각을 짝과 나누는 것도 잊지 말자. 그럼 이제 소리 내어 읽어 보자. 시를 낭송을 해야 그 맛이 살아난다.

내가 사랑하는 사람
정호승

나는 그늘이 없는 사람을 사랑하지 않는다
나는 그늘을 사랑하지 않는 사람을 사랑하지 않는다

　　나는 한 그루 나무의 그늘이 된 사람을 사랑한다
　　햇빛도 그늘이 있어야 맑고 눈이 부시다
　　나무 그늘에 앉아
　　나뭇잎 사이로 반짝이는 햇살을 바라보면
　　세상은 그 얼마나 아름다운가
　　나는 눈물이 없는 사람을 사랑하지 않는다
　　나는 눈물을 사랑하지 않는 사람을 사랑하지 않는다
　　나는 한 방울 눈물이 된 사람을 사랑한다
　　기쁨도 눈물이 없으면 기쁨이 아니다
　　사랑도 눈물 없는 사랑이 어디 있는가
　　나무 그늘에 앉아
　　다른 사람의 눈물을 닦아주는 사람의 모습은
　　그 얼마나 고요한 아름다움인가

　나는 '진정한 아름다움'이란 무엇인가에 대해서 생각을 해봤다. 아름답다는 것은 행복한 것이다. 그것은 기쁘기 때문이다. 그래서 우리는 기쁜 것을 좋아한다. 왜냐하면 그 모습을 생각하면 행복하기 때문이다. 행복하기 위해서는 기쁨이 있어야 한다. 그랬던 것 같다. 언제나 승승장구하고 잘되고, 막히는 것 없이 잘 풀리는 것을 좋아했다. 그늘진 곳보다는 화창한 햇살을 좋아했다. 그곳에 있으면 모든 것을 지니고 있는 것 같았고, 상처가 없이 완전한 사람처럼 느껴졌다.

　그런데 어느 순간 깨달았다. 세상은 모두 햇살이 비추는 곳에 있지 않았다. 그리고 모두 기쁨을 누리고 있지 않았다. 환희에 찬 사람들보다는 슬픔의 고통을 감내하며 하루하루 살아가는 사람들이 더 많았다. 그래서 누군가의 눈물을 닦아주는 사람의 뒷모습이 더욱 아름답다고 말하는 것이 가슴에 남는다. 시는 언어이지만 그것이 내가 살아왔던 공간과 시간에서 만나면 그것은 다큐멘터리가 되는 것이다. 내가 잃어버리고 살았던, 그리고 내가 감추려고 했고 알지 못했던 나의 모습과 만나고 나의 이웃과 만난다. 관계를 만들어 주는 디딤돌이 되는 것이다. 그럴 때 그것과 의미가 있는 관계가 되는 것이다.

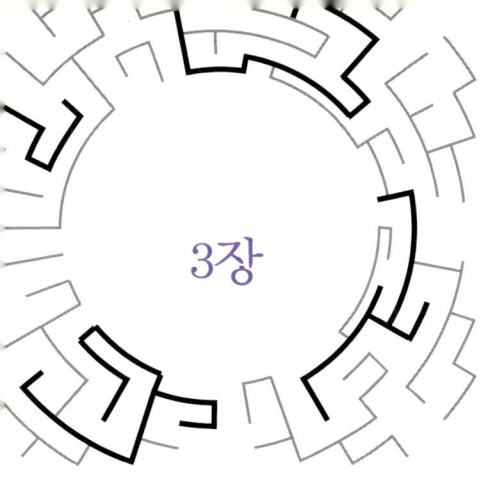

3장 개념 이해에 어떻게 도달할 것인가?

아이들에게 무엇을 가르쳐준다는 것은 어렵다.

스스로 깨우치는 법을 알려주는 것이 최고의 교수법이지만 그걸 알려면 내공이 필요하다.

일상의 용어로 설명을 할 것인가 교과적 용어로 설명할 것인가.

언뜻 보면 그다지 고민하지 않을 것 같은데 막상 하려니 어렵다.

학생 자신의 생각을 이야기하지 않고 교과서나 다른 사람의 생각을 그대로 모방할 때. 이때는 단호해야 한다고 생각한다. 그러나 해 아래 새 것은 없다. 높은 도덕성을 유지하되 선택할 수 있는 기회를 자주 접하게 하는 것이 최선이다.

교사의 생각이 학생의 생각과 다를 때. 약간 화가 나지만 다양성을 인정해야 한다. 다른 것이 틀린 것은 아니다.

예시할 것인가? 정의할 것인가? 그때그때 다르다. 이것이 정답

일 수 있다.

　교사의 질문 의도나 맥락에서 학생의 답변이 벗어날 때. 내가 명료하게 질문을 하지 않았을 수도 있다. 그러나 탈선하지 않도록 돕는 역할을 감당해야 할 것이다.

일상의 용어로 설명을 할 것인가, 교과적 용어로 설명할 것인가?

> 저는 한 번 공감의 개념을 설명한 적이 있습니다. '공감은 남을 이해하는 것이다.' 다른 사람을 배려하는 마음 씀씀이가 공감이라고 생각했습니다. 그래서 학생들에게 어떻게 알려줄까 고민을 했습니다. 그래서 공감이란 "남의 감정, 의견, 주장 따위에 대하여 자기도 그렇다고 느낌. 또는 그렇게 느끼는 기분."이라는 교과적인 용어로 설명을 했습니다. 그랬더니 아이들이 질문을 하더군요. "다른 사람의 주장을 무조건 따르는 것이 공감이냐"구요. 자신들의 마음에서 동의가 되지 않았고, 이해가 되지 않나 봐요. 제가 생각하기에도 그건 아니라는 생각이 들었지요. 그래서 공감의 사례가 일상에서 있을까 고민했는데, 딱히 생각나는 것이 없더라구요. 이것저것을 끌어다가 설명을 하고 싶은데 아이들에게 잘못된 개념을 가르칠까봐 그것도 사실 걱정이 됩니다.
>
> 이○○ 선생님(고등학교 국어)

이 선생님의 고민은, 학생들에게 '공감'의 개념을 명료하게 설명하고 싶은데, 그것을 어떻게 설명하면 좋을지 모르겠다는 것이다. '공감'이란 단어를 교과적 용어로 설명을 할 것인가 아니면 일상의 용어로 설명할 것인가 딜레마에 빠졌다. 교과적 용어로 설명하면 학생들이 무슨 이야기인지 모르겠고, 내면화 단계까지 가지 않을 것이라는 생각에 두려웠다. 그렇다고 일상의 용어로 설명하자니

번뜩이는 사례도 없고, 오히려 잘못된 개념을 아이들에게 남겨 주지 않을까 하는 생각을 하게 되었다.

일상의 용어와 교과적 용어의 경계

김 선생님은 교과적인 용어를 먼저 사용해서 개념 설명을 한다. 김 선생님의 이야기를 들어보자.

> 대부분은 교과적 용어를 먼저 사용하며 보충으로 일상의 용어를 사용하여 설명한다. 수업 후 학생이 이해한 내용으로 개념 정리를 할 때 교과서를 그대로 옮기는 것보다 일상의 자기가 이해한 용어를 넣어 정리하는 학생을 보면 반갑게 받아들여진다. 가끔은 교과적 용어가 학생이 더 이해하기 어려울 때가 있다. 그럴 때는 사전 용어나 일상의 용어를 가지고 설명하면 학생들이 고개를 더 끄덕이며 이해 정도를 나타낸다.
>
> 김○○ 선생님(중학교 도덕)

교과적인 용어를 사용하여 개념을 명료하게 하고 난 후에 학생들이 이해한 용어로 개념 정리를 한다. 추상적인 개념에 대한 명확한 이해가 선행된 후에 학습자가 자기 언어로 정리를 하면 자기화가 될 수 있다는 입장이다. 이럴 때 사전을 활용하거나 일상의 용어를 사용하면 학생들의 이해의 폭이 확장된다. 이런 딜레마 해결책은 교과의 특성이 반영된 경우이다. 도덕 교과의 경우처럼 당위적인 내용을 가르치는 경우에는 학생들에게 알려줘야 하는 가치·규범들이 존재한다. 김 선생님의 이야기를 좀 더 들어보자.

> 현재 가르치고 있는 중학교 단계에서 설정된 교육과정의 영역으로는 도덕적 가치·규범에 대한 이해를 초등 단계보다 심화하고, 고등학교 도덕에 가면 개인의 삶과 공동체의 문제에 대해 주체적으로 성찰할 수 있는 반성적 사고력을 길러 자율적인 도덕성을 형성하는 데 강조점을 둡니다. 중학교에서 우리 사회의 여러 가지 도덕 문제에 대한 올바른 가치 판단 능력과 실천 의지를 높이는 태도 함양을 위한 수업 구안에 고민이 있어요. 즉 가치관 형성을 좀 더 강화하면서 자율적 가치 판단력을 갖도록 준비하는 수업을 전개해 나가려고 합니다.

이런 고민을 하는 엄 선생님의 이야기를 들어보자.

> 수학은 새로운 하나의 언어 체계이다. 수학은 어떤 개념에 대한 분명하고 논란이 없는 '정의'(definition)로부터 시작한다. 그래서 다분히 학문적이고 추상적이다.
> 고등학교 때 수학을 좋아해서 수학교육과를 진학했던 내가 대학에 가서 말 그대로 '멘붕'을 경험한 것은 바로 실해석학(real analysis)에서였다. 극한의 개념을 고등학교에서는 다가간다(approach)의 개념으로 다룬다. 즉, 동적인 개념으로. $x \to 1$이라는 기호는 'x는 1에 한없이 가까이 다가간다'고 해석한다. 그런데 대학수학(진짜 학문

으로서의 수학)에서는 이것은 무효화되고 정적인 개념, 즉 ε—δ용법(입실론-델타 용법)으로 극한의 개념이 정의되고 모든 논리의 전개는 엄밀하게 펼쳐져야만 한다. 그래서 대학수학에서 고등학교 수학을 보면 솔직히 그건 엄밀한 수학이 아니다. 추론일 뿐이다.

하지만 많은 수학교육학자들은 ε—δ용법(입실론-델타 용법)을 고등학교 교과과정에 삽입하는 것을 반대한다. 오히려 '다가간다'는 개념으로 가르쳐야 한다고 주장한다. 왜냐하면, ε—δ용법(입실론-델타 용법)의 논리적인 엄밀한 체계가 매우 어렵기도 하고, 극한의 개념을 움직임의 개념(동적인 개념)으로 이해하도록 하는 것이 수학사의 관점에서 더 자연스럽기 때문이기도 하다. 요약하건데, '다가간다'는 말은 일상의 언어이지만, 극한에서는 교과의 언어인 것이다.

엄○○ 선생님(고등학교 수학)

수학은 세상의 질서인 공리에서 출발하여 정의를 도출하고, 논리적인 수학적 사고를 통해서 정리를 증명하는 작업을 거친다. 그래서 학문적인 엄밀성을 중요하게 생각한다. 세상의 모든 질서를 기호로 증명해야 하기 때문이다. 교과의 언어로 개념을 이해하는 것이 경험적으로 얻은 수학의 오개념[1]을 줄일 수 있는 접근이 될 수 있다.

---

1. 가령 집에서 직장까지 거리를 40km로 하자. 집에서 직장을 갈 때는 시속 80km로 가고, 올 때는 시속 90km 왔을 때 평균 속도를 보통 85km로 이야기 한다. 이것은 평균값을 이야기한 것이다.

락심 교수의 '시민의식(Citizenship)' 수업 : 핵심 가치 3개를 칠판에 쓰기

명료한 주제 제시와 토론을 바탕으로 한 수업

덴마크에서 시민의식(Citizenship) 수업을 들은 적이 있다. 덴마크 코펜하겐종합대학(UCC) 락심(Lakshim) 교수의 강의이다. 락심 교수의 강의는 매우 인상적이었다. 자신의 전공 영역이 시민의식(Citizenship)인데, 가장 적절하게 그 의미를 깨닫게 해줬다. 수업은 몇 단계의 흐름을 통해서 시민의식(Citizenship)의 의미를 찾아가게 디자인 되어 있었다.

제1단계에서는 시민 의식의 3가지 핵심적인 가치에 해당하는 단어를 생각할 수 있도록 개인에게 5분의 시간을 줬다. 나는 의무

(Responsibility), 상식(Common Sense), 평등(Equality)를 생각했다. 우리 모둠은 캐서린, 토크, 스틴 그리고 은지 선생님 이렇게 5명으로 구성이 되었고, 각자 이야기를 시작했다. 은지 선생님은 대화, 평등, 자유를 이야기했고, 다른 학생들도 평등에 대해서 이구동성으로 이야기를 했다. 평등(Equality)은 덴마크의 핵심 가치이다. 중요한 것은 모두가 이것을 인정하고 있다는 사실이다. 문화로 형성된 평등의 가치는 덴마크 사회의 뿌리임을 발견하는 순간이었다. 이렇게 해서 우리 모둠에서는 평등, 언론의 자유, 의무(책무성)를 뽑았다.

제2단계는 각 모둠에서 나온 시민의식의 핵심 가치 3가지를 칠판에 적어서 전체에게 공유하는 것이다. 재밌는 사실은 평등성이 6개의 모둠에서 가장 많이 공통적인 것으로 나왔다. 이 단계에서 락심 교수는 상위 개념들로 묶어내는 작업을 하였다. 학생들에게 질문을 해서 공통적으로 연결 지을 수 있는 단어를 묶게 하였다. 그런 후에 동의 여부와 다른 의견을 물어본 후에 전지에 그 단어를 적었다. 그렇게 해서 나온 단어가 의무(Responsibility), 자유(Freedom), 연대(Solidarity), 평등(Equality) 등이다.

제3단계에서는 자신이 원하는 핵심 가치를 선택한다. 나는 의무(Responsibility)를 선택했고, 두 명의 여학생이 왔다. 스틴과 사라였다. 우리는 안에서 이야기하는 것이 아니라 밖에서 걸으면서 이야기하기로 결정했다.

제4단계는 '걸으면서 이야기하기'(walk & talk)이다. 이 부분이

제일 마음에 와 닿았다. 걸으면서 이야기를 나누는 것은 자연스러움을 동반한다. 앉아서 이야기하게 되면 경직될 수 있지만 산보하면서 이야기를 나누면 자연스럽게 부드러워진다. 사고의 유연성이 생긴다. 걸으면서 핵심 가치에 대해서 이야기를 하는데, 4가지 정도 질문 형태를 유지한다.

1. Definition : what is ...... ?
2. Contrast : what is the opposit of ......
3. CASE/SITUATION : concerning ......
4. WHY IS ...... IMPORTANT

이런 질문을 하게 된다. 우리는 셋이서 의무(Responsibility)에 대해서 이야기를 나누는데, 맨 먼저 내가 질문을 받았다. 막상 정의를 내려 보려고 하니 어려웠다. "Responsibility is not avoidable. Responsibility is ......" 정의를 내리기 어려웠지만 나름대로 애써서 해냈다. 그리고 사례는 군대 이야기를 했다. 한국에서 남자는 군대를 반드시 가야한다는 것이다. 나의 군대 생활 이야기다. 한국의 특수한 상황이 남자들에게 병역의 의무를 갖게 한다는 설명도 해줬다.

그리고 왜 의무(Responsibility)가 중요한지도 이야기를 했다. 주로 세금 이야기다. 덴마크에서는 보통 급여의 40%를 세금으로 낸다. 혹시 돈을 많이 번 사람들이 세금을 많이 내는 것에 대하여

락심 교수의 '시민의식(Citizenship)'의 수업 : 4가지 질문에 대한 토론

불만은 없느냐고 질문을 했더니, 그렇지 않다는 대답으로 돌아왔다. 이들에게 세금을 많이 내는 것은 자부심 같았다. 교만함이 아니라 누군가를 도와준다는 자존감 같은 것이다. 그리고 다른 질문을 했다. 덴마크는 복지국가다. 그런데 거지나 노숙자(homeless)가 있다. 그들에게 국가로서 책무성은 무엇인가? 어려운 질문인데, 둘은 곧잘 대답하였다. 대개 정신병이 있는 사람들이거나 알코올 중독자라는 것이다. 여전히 남는 의문은 '그들을 국가에서 어떤 식으로 돌봐주는가?'이다.

5단계에서는 걸으면서 20분 정도 이야기를 나눈 다음에 다시 돌아와서 교수가 질문을 던지고 토론을 진행했다. '어떤 이야기를 나눴는가?' 확인을 하면서 내용을 전체가 공유하게 했다.

이날 수업에서 '시민의식'이라는 매우 난해한 개념에 대해 배울 수 있었다. '시민의식'에 대해 자기만의 생각이 아니라 다른 사람들과 생각을 나눔으로써 함께 생각하고 다른 점을 알게 되고 사고의 전환이 일어나는 것을 경험할 수 있었다. 무엇보다도 기억에 남는 장면은 주제에 대하여 걸으면서 이야기를 나눈 것이다. 이것은 탁월한 수업 디자인 능력이다. 어려운 것을 쉽게 정의하며 이해할 수 있는 수업이었다.

일상의 용어와 교과적 용어를 단계적으로 사용하는 접근

교과의 언어로 설명하는 해결책은 학교 급이 올라 갈수록 유효하다. 오히려 초등학교에서는 일상의 용어를 사용하여 접근하는 방법이 개념 이해를 돕는 측면이 있을 수 있다.

> 일상의 용어로 설명을 할 수 있다는 것은 정말 그 개념을 제대로 알고 있다는 경지를 뜻하는 것 같습니다. 학생들에게 일상의 용어로 풀어낼 수 있는 것, 그렇게 교과와 생활의 간격을 줄이는 것! 그것이 더 통일성을 주는 것 같습니다. 특별히 초등학생들에게는 더더욱 그러한 것 같습니다. 그러나 중고등학교로 올라갈수록 교과적 용어를 통해 추상적 학습으로 연결 지을 수 있도록 해야 할 것 같습니다.
>
> 김○○ 선생님(초등학교 영어 전담)

일상의 용어로 설명하는 편이에요. 일상의 용어로 충분히 설명하고 개념을 잡고 나면 그 개념에 해당하는 교과 용어를 알려주면 된다고 생각합니다.

권○○ 선생님(고등학교 국어)

저는 기본적으로 용어를 쉽게 풀어서 설명하려고 합니다. 교과서에 있는 용어보다는 일상의 언어로 풀어서 개념을 이해시키죠. 좀 더 쉬운 예를 찾아 설명하기도 합니다. 근데 고민이 있긴 합니다. 일상의 용어로 풀어서 설명을 하면 그 쉬운 용어에 매몰되어 개념의 왜곡이 있을 수도 있지 않을까 하는 걱정이 됩니다.

이○○ 선생님(고등학교 사회)

일상의 용어로 설명을 합니다. 일상의 용어로 나누게 합니다. 그 다음 교사의 최종 정리에서는 교과적 용어가 들어갑니다. 그런 다음 논리적 언어로 풀어줍니다. 그래야만 학생들의 교과에 대한 접근이 쉽고 이해가 높습니다. 과목이 지구과학인 것이 많은 도움이 됩니다. 우리가 살고 있는 세상과 바로 연결되기 때문입니다.

최○○ 선생님(고등학교 과학)

일상의 언어를 사용해서 개념 이해를 도우려는 선생님들이 지니고 있는 두려움은 학생들이 지나치게 어려우면 이해를 하지 못하고 학습에서 도주를 할 것 같다는 것이다. 또한 교과의 내용을 일상과 연결 지어서 학습자가 통합적으로 생각하기를 바라는 마음도 있다.

한편 일상의 용어와 교과의 용어를 절차적으로 사용하여 딜레마 상황을 해결하려는 모습도 있다.

> 누구나 새로운 개념을 학습할 때 '이 내용을 잘 이해할 수 있을까?'에 대한 막연한 두려움이 있어요. 이럴 때 일상의 쉬운 용어로 설명을 시작한다면 학습자 입장에서 부담이나 두려움이 줄어들 것입니다.
> 개념 설명은 단 1회로 끝나지 않고, 반복적으로 학생들에게 전달해야 할 경우가 많기 때문에 최초의 설명은 일상의 용어로, 추후에 동일한 개념을 반복 설명을 할 경우에는 교과적 용어로 하는 것이 좋다고 생각합니다.
> 조○○ 선생님(중학교 한문)

아주 오래 전에 수업 시간에 '새옹지마(塞翁之馬)'를 가르쳐준 적이 있었다. 먼저 한자의 뜻을 풀이해주고, 한자성어에 담긴 고사에 대해서 이야기를 해준 적이 있었다. 아이들은 연신해서 내가 해주는 뜻풀이를 듣고 필기를 열심히 했다. 그리고 아이들에게 질문도 해봤다. 대체로 잘 알고 있는 듯했다. 그래서 나의 이야기에 공감을 하는 학생들을 손들게 했다. 손을 든 아이들은 몇 명이 없었다. 왜 없을까 고민을 해봤다. 그것은 내가 공감이란 단어를 설명해준 일이 없었기 때문이다. 그래서 "남의 감정, 의견, 주장 따위에 대하여 자기도 그렇다고 느낌. 또는 그렇게 느끼는 기분."이라고 교과서적인 설명을 했다.

그런 후에 '나의 마음'에 정리된 공감에 대한 이야기를 했다. 공감이란 감정의 교류이다[2]. 상대방의 감정이나 생각을 읽어낼 수 있는 능력을 말한다. 감정에 대한 판단이나 해석, 자기 경험에 의한 해설이나 평가를 해주는 것이 아니다. 지금 여기[3]에서 일어나는 감정을 읽어주는 것이다. 문제를 해결해주려고 조언을 하는 것이 아니라 아이들이 수업 장면에서 숨겨둔 감정이 떠오르는 것을 알아차리는 것이다. 나의 현존[4]을 이해하고, 감정의 허우적거림에서 벗어나서 아이들에 대한 인정이 공감으로 나가는 첫걸음이라고 볼 수 있다. '내면화된 나의 정리'가 된 후에 다른 나라에서 내가 여행 도중 겪었던 사고에 대해서 이야기를 해줬다. 그때의 감정을 쓴 글을 읽어줬다.

> 사람이 살다보면 여러 가지 일을 만나게 된다. 내가 원하지 않았는데도 어려움이 닥치고 내가 크게 노력을 하지 않았는데도 행운이 찾아온다. 그래서 때때로 가슴을 치고 분노하고 박장대소하며 웃기도 한다. 그런데 가만히 살펴보면 좋은 일이 반드시 좋은 일이 아닐 수 있고, 나쁜 일이 반드시 나쁜 일이 아닐 수 있는 것이다. 시간이 지나면서 생각해보면 그 당시 나의 마음 상태가 얼마나 가볍게 요동쳤는지 부끄럽기만 하다. 인생을 살아보면 아무

---

2. 이규철 김소연, 『관계 중심 수업 코칭의 사례 연구』, 韓國敎員敎育硏究, 2013, Vol.30, No.2, pp. 277-302
3. 게슈탈트 심리학에서 다루는 상담의 핵심적인 요소이다.
4. 좋은교사 수업 코칭연구소에서 실시하는 수업 코칭 연구가 과정에서 신을진 교수가 강의 한 용어이다.

것도 아닌 일에 왜 그렇게 집착하고 애타면서 아등바등했는지 안타까울 때가 많다. 모든 것은 시간이 약일 때가 많다. 경험하지 않고 알았으면 좋으련만 비싼 인생 수강료를 지불하고 깨닫게 되니 참으로 애석하다. 뭐가 그렇게 대단한 것인지 야단스럽게 호들갑을 떠는 내 자신이 부끄럽다. 없어진 것은 다시 생각하고 채우면 그만이고, 빼앗긴 것은 기부했다고 생각하면 좋을 것을 뭐 대단한 것이 없어진 것처럼 행동하는 모습을 보니 아직 인생의 참 모습을 보지 못한 것이다. 그래서 어르신들이 철이 들지 못했다고 나무라던 그 모습이 선연하다. 기온차가 오르락내리락해야 좋은 와인이 생산된다고 한다. 햇빛, 기온, 바람의 영향이 크다고 한다. 이 모든 것은 인위적인 힘이 작용하지 않는 것이다. 자연스러움이 맛깔난 와인을 만들어 내 듯이 우리 삶도 그렇지 않을까 되뇌어 본다.

이 글을 읽은 후 아이들에게 질문을 했다. 조금 전과는 사뭇 다른 숫자의 아이들이 손을 들었다. 왜 아까는 손을 들지 않았는지 궁금해서 질문을 해봤더니, 처음에는 내 설명이 무슨 뜻인지는 알겠는데 마음에 와 닿지 않았다고 하였다. 그래서 이런 생각이 들었다.

수업도 '새옹지마(塞翁之馬)'라고, 아이들이 개념을 잘 이해해서 내가 가르치려던 것을 깨우쳐서 생활로 이어질 수도 있지만, 아이들이 당장은 잘 이해하지 못하더라도 언젠가 철이 들고 지혜가 자라서 터득하게 될 날도 오지 않을까 생각한다.

학생 자신의 생각을 이야기하지 않고
교과서나 다른 사람의 생각을 그대로 모방할 때

아이들이 수업 시간에 질문을 하면 참고서의 내용을 베껴서 대답을 하거나 친구의 생각을 대신 말합니다. 때때로 신문이나 텔레비전, 아니면 '네이버지식in'에 나온 내용으로 자신의 생각인 양 대답을 합니다. 그래서 왜 그런 곳에서 찾아온 지식 정보를 말하냐고 질문을 했더니, 돌아오는 대답이 가관이었습니다. 그런 곳에 있는 정보가 신뢰성이 있다고 말합니다. 자신의 생각은 틀릴 수 있고, 올바르지 않을 수 있다는 생각을 한 것입니다. 자기보다 권위가 있다고 생각하는 곳에서 지식을 퍼 나르는 전달자 역할을 한 것을 자랑스럽게 여깁니다. 그래서 제 고민은 어떻게 하면 아이들이 교과서나 다른 사람을 모방하지 않고 학생 자신의 생각을 말해서 개념을 이해시킬 수 있는가에 있습니다.

김○○ 선생님(고등학교 국어)

김 선생님은 학생들이 자신의 생각을 말하지 않고, 무엇인가에 기대서 말하는 것을 넘어서 그대로 베껴서 이야기하려는 태도에 불편해한다. 학생들이 아무런 고민 없이 교과서의 내용을 그대로 달달 외워서 대답하려고 하는 모습에서 화가 나기도 한다. 그러면서 이런 생각도 해본다. 아이들이 지식의 권위에 순종해서 교과서나 다른 사람들의 이야기를 그대로 모방하려고 하는 것은 과거에 대답을 못했거나 잘못해서 꾸중을 들었거나 해서 자신감을 상실한 것은 아닐까?

사실 아이들은 학교 규칙이나 복장, 머리 모양 같은 것에는 반항을 넘어서 저항을 곧잘 하는 경향이 있다. 왜 학교의 규칙은 그렇게 엄격하느냐며 자율적인 생활 태도를 논리적으로 주장한다. 화장이나 머리 모양을 건드리면 자신이 지니고 있는 주관적인 생각을 약간의 감정을 덧대서 이야기를 한다. 이럴 때 아이들은 자기 주도적인 생각이 들어있는 내용을 표현한다.

그런데 교실의 공간 속에 들어와서 수업을 하게 되면 머리가 텅 비어서 자기가 없고 그 자리에 다른 사람의 천편일률적인 지식을 앵무새처럼 떠드는 학생만 존재한다. 고3 학생들과 면접 수업을 한 적이 있다. '자신이 이 학과를 지원한 동기가 무엇인가?', '자신을 3개의 단어로 표현해보고 특징을 말해보자.', '어려운 일을 겪었던 경험을 이야기해보고, 어떻게 극복했는가 이야기를 해보자.' 이런 종류의 질문을 던지면 학생들은 30초도 안 돼서 말문이 막히고 눈만 껌뻑하고 만다. 자신의 생각을 말해 본 경험이 없는 아이들이다. 이렇게 자기 언어가 없는 아이들에게 자기 생각을 갖게 하는 방법은 없을까?

'다른 의견 있는 사람'을 찾는다

> 정답만 말하려는 학생들을 보면 안타까워요. 나는 그런 앵무새 같은 말을 하는 학생들이 있을 경우, "그렇지."라는 말만하고 어떠한 피드백도 주지 않아요. 그런 다음 바

로, "다른 의견 있는 사람?"이라며 다른 학생에게 대답할 수 있도록 기회를 넘깁니다. 다음에 말하는 학생의 답이 궁극적으로 좀 전에 정답을 그대로 읽었던 학생과 같더라도, '자신의 언어로, 자신의 생각을 말한 부분'이 좋았음을 칭찬해줍니다. 이러한 형식의 대화가 여러 시간에 걸쳐 지속되다 보니 이제는 조금 느리고 부족하더라도 학생들 스스로가 자신의 생각을 정리해서 말하려고 노력합니다.

조○○ 선생님(중학교 한문)

조 선생님은 앵무새 같은 대답을 하는 학생들에게 우선 "그렇지" 하며 응수를 한다. 그렇게 하여 아이에게 대답이 틀렸다거나 '너는 잘못했다'는 신호를 보내지 않는다. 아이들의 대답을 수용하는 교사의 마음 그릇이 넓은 것이다. 조 선생님이 피드백을 하지 않는 것은 자신이 대답한 것이 자기 언어가 아니라는 메시지를 주는 역할을 한다. "다른 의견 있는 사람?"이라고 질문을 던져서 자기만의 언어로 대답할 수 있는 학생들에게 기회를 주는 것이다. 여기서 '다른 의견'이라는 발문이 중요하다. 이 질문의 잠재된 의도는 '자기 생각을 말하시오.'라는 것인데, 그 메시지는 감춰져 있다.

그래서 아이들은 생각하게 된다. 도대체 '나는 다른 어떤 생각을 할 것인가?' 하고 의문을 품게 된다. 결국 앞에 말한 친구와 다른 내용을 말해야 한다는 것을 깨닫고, 자기의 머릿속에 자극을 주게 되는 것이다. 한 가지 더 중요한 점은 조 선생님이, "학생의 답이

학생들의 자유로운 의견을 유도하는 조 선생님의 중학교 한문 수업

궁극적으로 좀 전에 정답을 그대로 읽었던 학생과 같더라도, '자신의 언어로, 자신의 생각을 말한 부분'이 좋았음을 칭찬 한다."는 신념을 지니고 있다는 것이다. 실제 조 선생님의 수업 장면에서도 학생들에게 질문을 하면서 대답을 유도해내는 장면을 볼 수 있었다.

수업은 '어리석음을 깨치고'였다[5]. 주제는 '무식한 사람이란 어떤 사람인가?'이다. 아이들은 여기저기서 손을 든다. 그리고 대답을 하는데, 교과서에 있는 것을 대답하는 학생에게는 "그렇지"하고 대답을 하고, 계속해서 다른 의견은 없는가에 초점을 두면서 수업을 진행한다. 그리고 자기 생각이 들어 있는 대답이 나오면 구체적으로 언급을 해서 칭찬을 해준다. 자기의 언어로 대답한 학생들의 표현을 워드로 작성해서 바로 모니터 화면으로 보여준다.

---

5. 조수현 선생님의 수업은 좋은교사 수업코칭연구소(cafe.daum.net/happy-teaching/) 카페에서 볼 수 있으며, 다른 수업 동영상도 올라와 있다.

아이들은 자신의 의견이 반영된 것을 보고 어떤 생각을 할까? 나중에 학생 인터뷰를 해보니 아이들은 이 부분을 중요하게 생각했다. 선생님이 우리를 무시하지 않고 기다려줬다는 것이다. 자그마한 아이들의 목소리에 귀 기울여주려는 선생님의 신념이 아이들을 배움으로 들어오게 한 것이다.

이렇게 학생들은 자신의 의견이 무시당하지 않았을 때 자신의 언어로 자신의 생각을 말할 수 있다.

학생의 자기표현을 도와주는 모둠 활동과 발표

요즘처럼 글쓰기 좋아하지 않는 아이들한테 칭찬을 통해서 자기표현을 익히게 하는 권 선생님의 해결책도 있다.

> "응! 그렇구나." 하고 맙니다. 그러나 자신의 생각을 이야기하거나 새로운 이야기를 하는 아이에게는 쇼를 하듯 칭찬합니다. 글을 쓸 때 자신의 생각이 최고라는 걸 계속 말하기 때문에 아이들이 대부분 자기 생각을 말합니다.
>
> 권○○ 선생님(초등학교)

아이들에게는 자기 생각을 말할 수 있는 안전지대가 필요하다. 배제되지 않고 수용될 수 있는 교실 공간에서 아이들은 자기 언어로 이야기를 할 수 있어야 한다. 이럴 때 아이들은 자신감을 갖는 것이다. 자신감은 외부의 조건에 의해서 얻어지는 힘이지만, 일단 자신감을 갖게 되면 자존감이 높아지게 된다. 권 선생님처럼 지속적인 강화 작업이 학생들에게 동기부여의 요건이 된 것이다. 지적 자극의 환경이 들어서게 되면 아이들은 다른 사람의 옷은 벗어버리고 자기 옷으로 갈아입는 기쁨을 느낀다. 자기만의 색깔을 통해서 정체성을 확립하는 효과도 얻게 되는 것이다 자기 고민이 많아지고, 사고의 주름이 깊어지는 학습자가 될 수 있는 것이다. 이렇게 하면 수업의 방관자, 방해자에서 탈출하여 수업의 진짜 참여자가 되는 길을 찾은 것이다.

한편 학생들이 자기 생각을 표현할 수 있도록 교사가 수업 디자인을 해야 한다는 목소리도 있다.

> 영어는 다른 나라 사람들의 언어 습관을 배우는 것입니다. 따라서 일단 모방이 먼저입니다. 그대로 따라하는 것부터 출발하지요. 그게 익숙해지는 과정의 시작이에요. 하지만 여기에서 그치는 것은 문제가 됩니다. 위에서 언급한 것처럼 그대로 따라 하기만 하면 학생들에게 언어로서 영어의 의미는 없어지고 흥미 또한 떨어지게 됩니다. 자신의 생각을 표현할 수 있도록 기회를 주어야 해요.
> 영어에 자신이 있는 학생들은 영작을 자주 시도합니다. 그러면서 많이 배웁니다. 하지만 자신이 없는 학생들은 교과서나 학습지, 다른 학생의 것을 그대로 베껴요. 이런 학생들은 무슨 뜻인지 제대로 이해가 되지 않았기 때문입니다. 아이러니하게도 교사가 개념을 설명할 때 영어를

못하는 학생일수록 잘 듣지 않습니다. 모르니까 배워야 하고 그래서 더 잘 들어야 하는데 정반대의 현상이 나타나는 것이에요. 이들은 실패의 경험에 파묻혀 헤어나오지 못해요. 과거에 실수를 해서 수치심을 경험하거나 잘 모르는 상황이 자주 반복되었거나 잘 못하는 부분에 대해 혼난 경험이 있으면 그것을 극복하는 것은 무척이나 어려운 일입니다.

따라서 과거의 경험에 갇혀 있기 때문에 현재 잘 모르는 것도 도전하려고 하지 않아요. 이들을 교사가 온전히 도울 수는 없어요. 그런 학생들이 적지 않기 때문이고 그런 학생들에게 관심을 쓰다보면 교실 분위기가 엉망이 되어 있는 경우를 종종 봅니다. 교사보다 모둠에 맡깁니다. 모둠에서 잘하는 학생과 짝을 지어주고 교사의 설명을 반복해서 설명해주도록 합니다. 이때 설명하라고만 하면 둘 사이에 갈등이 생길 수 있어요. 잘하는 학생의 성격이 답답한 것을 못 참으면, 그런데 많은 학생들이 그렇죠, 잘 못하는 친구에게 비난할 수 있고 그러면 잘 못하는 학생은 다시 과거의 경험으로 들어가게 됩니다.

교사가 설명을 오랫동안 하지 않고 짧게 한 후에 모둠에서 서로 가르쳐주라고 합니다. 그리고 간단한 퀴즈를 내서 잘 못하는 학생이 풀게 해요. 몇 번이고 이런 과정을 되풀이해서 잘 듣지 않던 교사의 말에 주의를 기울이도록 하고 이해할 기회를 갖도록 해요. 그런 후에는 이해된 개념을 이용해서 문장을 해석한다든지 문장을 몇 개의 묶음으로 나눠서 주고 순서를 배열해서 문장을 만들게 합니다. 자주 문장을 만드는 연습을 통해서 문장 만드는 데 자

> 신이 생기면 자신의 생각을 표현하도록 합니다.
>
> 남○○ 선생님(중학교 영어)

　영어 교과의 특성상 모방이 필요하다는 생각이다. 하지만 따라하기가 오히려 학습의 흥미를 떨어뜨리게 하는 요인이 될 수 있다. 남 선생님이 제시하는 딜레마 해결책은, 교사가 과거의 아픈 경험에 뿌리를 가진 아이들의 감정을 모두 만져줄 수 없다는 것을 인정하고, 학생들에게 상처를 치유할 기회를 스스로 가질 수 있도록 수업 디자인을 하는 데 있다. 교사가 모든 문제를 해결할 수도 없고, 해서도 안 된다는 신념이 마음 한 자리에 있는 것이다. 자기 생각을 표현하는 것을 잘하는 학생과 그렇지 않은 학생을 같은 모둠에 배치하고, 또래 가르치기를 통해서 서로 배우는 기회를 제공한다. 잘 못하는 학생을 위해서 퀴즈를 내고, 이런 과정을 반복적으로 거치면서 교사의 설명을 이해하게 하고, 주어진 문장을 해석하고 문장을 몇 개로 나눠서 준 다음에 순서를 배열하는 과정을 실시한다. 이렇게 되면 문장을 만들면서 자신의 생각을 표현하게 된다.

　촘촘하게 구조화된 수업 디자인으로 학생들에게 자기 생각을 표현할 기회를 마련해주기도 하지만 작은 수업 아이디어로 딜레마를 해결할 수 있다.

> 매시간 수업 시작 5분 동안은 전시(前時) 학습에 대해 자신의 언어로 써보는 훈련을 하고 발표하도록 해요. 자신

의 언어로 개념을 설명하고 인지하는 것은 "very important" 하다는 것을 거의 매시간 강조하다시피 합니다.

김○○ 선생님(중학교 수학)

우선은 그 학생의 이야기를 들은 다음, "다음에는 그 사람의 생각에다 네 생각을 하나 더해서 말해보면 어떨까? 인류는 거인의 어깨위에 앉은 난장이가 가진 시선으로 발전을 해왔단다."라고 얘기를 할 듯합니다.

송○○ 선생님(초등학교)

김 선생님은 전시 학습을 자기 언어로 써보는 활동을 해서 발표하는 과정을 거친다. 이런 훈련의 과정이 학습자의 본성을 극복할 수 있는 디딤판이 될 수 있는 것이다. 그리고 수업을 마친 후에도 배운 것을 자기 언어로 한 줄 표현하기를 할 수 있다. 50분 수업에서 가장 의미 있었던 배움을 쓰게 하는 것이 자기 것으로 남는다. 물론 송 선생님처럼 작은 질문 하나 던져서 아이들이 생각을 할 수 있도록 생각의 진입로를 터주는 것도 중요하다. 실제 수업에 있어서도 송 선생님은 아이들에게 교과서의 지식을 그대로 표현하는 것 보다 자신의 생각을 표현하는 프로젝트 수업을 자주한다.

창의적인 평가를 통한 접근

교사가 평가를 통해 딜레마 해결에 접근하는 경우도 있다. 최 선생님의 이야기를 들어보자.

> 이럴 땐 아주 단호합니다. 저는 주로 노트 정리를 하게 합니다. 그리고 학생들끼리 나누고 발표하게 하는데, 모방의 흔적이 있거나, 모방해서 뭔가를 할 경우에는 본인의 언어와 생각으로 다시 해오게 하고 그렇지 않을 경우는 평가에 반영합니다. 학생들에게 말하는 것은 "틀려도 좋으니 자기의 생각과 자기가 조사한 내용을 해오고 적용해라."입니다. 어떨 땐 한 시간 내내 학생들 노트만 읽을 때도 있습니다. 3학년 문제 풀이 할 때도 미리 풀어오게 하는데, 답만 쓰게 하지 않고 이유를 기록하게 합니다. 그 수업에도 교과서나 다른 학생의 내용을 그대로 베껴올 경우는 단호합니다. 다시 해오게 합니다. 효과는 말로 하지 않아도 될 정도로 매우 높습니다.
>
> 최○○(고등학교 과학)

최 선생님은 '노트 필기' 효과를 중요한 가르침으로 생각한다. 우선 교사의 확고한 신념이 서있고, 그것을 일관성을 가지고 지속적으로 지켜갈 때 학습자의 변화가 생긴다는 것이다. 이렇게 할 수 있는 조건은 교사의 열정이다. 한 시간 내내 노트만 읽어낼 수 있는 노력이 있어야 한다. 그리고 자기 생각을 하지 않았을 때 평가로 연결시키는 가르침이 학생들에게 각인이 돼서 자기 생각을 펼치지 않고 견딜 수 없는 '찜질방' 현상을 낳게 한다. 강한 외부적 온도의 압박으로 인해서 땀을 흘리게 되고, 시간이 지나 밖으로 나올 때에는 시원함을 느끼는 것이다.

평가에서 나타나는 현상 중의 하나가 학생들이 기상천외한 답을 제시하여 선생님들을 깜짝 놀라게 하는 것이다. 엄 선생님의 이야기를 들어보자.

> 권위 있고 믿을만한 정답을 찾으려고 하는 것은 학습자의 본능인 것 같아요. 아이들은 수학 문제집을 푼 이후에 반드시 정답 및 해설을 보고 채점을 하고 틀린 문제를 해설을 보며 다시 풀어봅니다. 그것이 잘못된 것은 아니지만, 아이들이 교과서나 문제집 해설에 의존하지 않고 창의적으로 문제를 푸는 것에 더 초점을 맞추어 수업을 해야 한다고 생각해요.
> 오늘 중간고사 서술형 채점을 하면서, 어떤 서술형 문항이 있었는데, 내가 모범 답안으로 미리 생각해 놓았던 풀이와 다른, 하지만 수학적으로 타당하고, 창의적이고 아름다운 풀이로 푼 것이 여럿 있었어요. 몇 번을 감탄하면서 채점을 했습니다. 그것은 학생이 자신의 생각을 소신 있게 답안지에 펼친 것입니다. 물론 수학 익힘 책에 있는 문제였기 때문에 공부한 학생이라면 모범 답안으로도 풀 수 있었을 것이지만, 다른 사람의 생각보다는, 창의적인 자신의 생각대로 소신 있게 문제를 푼 그 학생에게 무한한 격려와 칭찬을 해주고 싶었습니다.
> 학생들에게 자신의 생각을 펼칠 수 있는 기회를 주고 안전한 분위기를 조성하는 것, 그리고 자신감을 심어주는 것. 그것이 관건인 것 같습니다.
>
> 엄○○(고등학교 수학)

엄 선생님은 서술형 평가에서 학생들의 창의적인 답안에 감탄했다. 이것은 객관식 문항에서 나올 수 없었던, 그저 그런 답안이 아니라 자신의 생각이 들어간 창의적인 해법이었다. 이렇게 되기 위해서는 학생들이 자신의 생각을 펼칠 수 있는 안전한 분위기를 만들어주는 것이 필요하다. 교사가 생각한 답변 이외에 다양한 생각이 나올 수 있도록 표현의 통로를 열어주는 평가가 있다면 아이들은 자신들의 생각을 소신껏 펼칠 수 있을 것이다.

논술 수업 시간에 학생들에게 다음 글을 읽고, 자신의 생각을 써 와서 발표를 하는 시간을 가졌다.

> 다음을 읽고 거북이 입장에서 공정한 경쟁의 규칙을 만들어 보시오.
>
> 어느 날 토끼와 거북이가 평지에서 100m 경주를 하였다. 심판관은 승자에게는 당근 4개를 주고, 패자에게는 당근 2개를 준다는 보상도 발표하였다. 매주에 한 번씩 한 달 동안 경주는 진행되었다. 승자는 예상대로 토끼였으며, 거북이는 언제나 경주에서 졌다. 거북이는 경기가 끝난 후에 심판관에게 이 경주는 공정하지 않다고 항변하면서 공정한 경주 규칙을 마련해 줄 것을 요구하였다. 이에 심판관은 거북이의 입장을 고려한 경주의 규칙을 만들어서 발표하였다.
>
> 조건 :
> 1) 동화적 상상력이 아닌 실제 가능한 사실들을 근거로 규칙을 만드시오.

2) 공정한 경주는 보상도 포함된다.
3) 과학적인 근거를 제시할 때는 가정을 만들고, 그것을 증명하는 방법을 택하시오.
4) 검은색 볼펜을 사용하고, 600자 내외로 쓰시오

학생들의 발표는 매우 진지했다. 한 남학생이 발표를 했다. "토끼와 거북이가 동일한 조건을 갖고 경주를 해야 한다. 50m는 육지, 나머지 50m는 물에서 번갈아 가면서 경주를 해야 한다. 육지에서는 토끼가 유리하고, 물에서는 거북이가 유리한 점을 고려한 것이다. 대신 각자 유리한 장소에서 속력은 동일하다고 가정을 한다. 그리고 보상도 각자 원하는 것을 받도록 한다." 이렇게 해야 공정한 경기 규칙을 만들 수 있다고 발표를 했다. 그때 다른 여학생들이 벌떼처럼 덤벼들면서 질문을 했다. 어떻게 토끼가 헤엄을 칠 수 있는가. 토끼는 물에 들어가면 죽는다. 남학생은 기가 죽어서 내일 자신이 증거를 찾아오겠다고 했다. 그리고 다음날 인터넷에서 뒤져서 '늪토끼'에 관련된 자료를 찾아와서 토기도 수영을 할 수 있다는 것을 증거로 제시하면서 자신의 창의적인 답변에 논리성을 부여했다.

교사가 문제를 만들면서도 스스로의 벽에 갇혀서 아이들의 창의적인 생각을 가두는 것은 아닌지 성찰해보는 기회가 됐다. 아이들의 예상을 뛰어넘는 문제가 제시된다면 아이들은 자신의 역량을 최대한 발휘해서 도전을 할 수 있다는 깨달음도 얻었다.

그래서 언제나 느끼는 것이지만 학생이 자신의 생각을 펼칠 수 있도록 수업 문화로서 평가의 기회를 마련해주는 것도 필요하다는 것을 새삼스럽게 느끼는 순간이었다.

교사의 생각이 학생의 생각과 다를 때

'이 고민' 선생님은 지난 번 수업에서 일어났던 일을 잊을 수가 없다. '교육의 불평등 구조'를 설명하면서 학교에서 일어날 수 있는 여러 가지 사례에 대하여 이야기를 하고 있었다.

먼저 개념 이해를 시켰다. '교육의 불평등 구조'는 교육의 기회 균등 측면에서 설명할 수 있다. 교육을 받을 수 있는 접근성을 열어 주는 것이다. 우리나라 헌법은 제31조 1항을 통해 "모든 국민은 능력에 따라 균등하게 교육을 받을 권리를 가진다."고 하였고, 교육기본법 제4조 1항에서도 "모든 국민은 성별·종교·신념·인종, 사회적 신분, 경제적 지위 또는 신체적 조건 등을 이유로 교육에서 차별을 받지 아니한다."라고 규정하고 있다.

그러면서 일선 학교에서 성적에 의한 심화반 운영에 대한 학생들의 생각을 말해보라고 하였다. 그랬더니 한 학생이 교육의 불평등 구조에서 불평등의 개념을 짚고 넘어가야 한다고 이야기를 했다.

"불평등이란 갖지 못한 사람들이 가진 사람들에 대한 편견이다. 혜택을 받은 사람들은 '불평등'하다고 생각하지 않는다. 자신들이 누리지 못했기 때문에 갖는 불만이 '불평등'이다. 학교에서 성적을 가지고 심화반을 운영하는 건 당연한 일이다. 대개 불만을 품은 아이들은 그 곳에 들어가지 못했기 때문이고, 그 아이들과 관계하지 못한 욕구를 '불평등'으로 표현한 것이다."

교실에서 이 아이의 '불평등'에 대한 개념을 듣는데 불편하게 느껴졌다. '저렇게 해석할 수도 있구나!' 하는데, 교무실에 앉아 있어도 여전히 불편하다. 교사인 나의 생각과 학생의 생각이 다를 수 있구나 하는 생각도 들었지만, 어쩐지 불편하다는 생각이 들었다.

이런 딜레마 상황에 접하게 되면 당혹스럽다. 사실 이런 학생을 만나게 되면 교사인 나도 감정을 푸는 데 시간이 걸리는 편이다. 개념의 이해가 의견의 대립으로 생각되기 때문이다. 우선 깊이 성찰해봐야 하는 것은 내가 불편한 이유를 살펴보는 것이다. 그리고 학생의 의견이 교사인 나의 권위에 대한 도전인가를 분리하는 감정 처리가 필요하다. 감정의 분리가 되지 않은 상태에서는 교사에 대한 학생의 도전으로 비춰지기 때문이다.

이때 '감정의 분리수거'가 필요하다. 이렇게 안 되면 상황을 주관적으로 생각할 수 있어서 평정심을 잃게 된다. 감정의 찌꺼기가 남지 않도록 객관적인 상태로 자신을 보는 훈련이 필요하다. '거리 두기'인데, '나'를 멀찌감치 떨어뜨려 바라보는 것이다. 이런 태도는 '교사인 나'를, 감정에 매몰된 상황에서 벗어나, 제3자의 입장이 돼서 관찰하는 자세이다. 이런 전제는 학생의 경우에도 마찬가지이다.

생각이 다르면 서로 토론하면 된다

그렇다면 이 부분에서 요청되는 마음의 태도는 무엇일까? 그것은 교사의 수용성이다. 교사의 수용성이란 교사인 내 생각이 틀릴 수도 있다는 것을 인정하는 마음 자세이다. 나의 당위성을 내려놓는 것이 마음의 출발점이다. 또한 다름으로 나아갈 수 있는 마음의 여유이다. 이렇게 되면 다른 사람을 받아들일 수 있는 사고의 맷집이 생긴다. 사고의 부드러움이 생겨서 경직되지 않는다. 그러면 몸이 아프지 않다. 얼굴이 환해진다.

아이들의 생각을 담아내서 독을 빼는 작업이 필요하다. 마음의 그릇이 크면 생채기 난 아이들의 마음까지도 모두 담을 수 있다. 내 안에 타인의 목소리를 담을 수 있는 빈 공간이 생겨서 공명을 할 수 있는 것이다. 교사인 내가 학생들의 공명판이 되어주는 것, 이것이 교사가 수용성을 가지고 있다는 증거이다. 조 선생님의 이야기를 들어보자.

> 일단 학생의 생각을 수용적인 태도로 듣도록 노력해요. 교사가 모든 부분을 다 알고 있는 것은 아니고, 교사의 말이 모두 옳은 것은 아닐 수도 있다는 이야기를 하며, 선생님이 부족한 부분은 찾아보고 다음 시간에 다시 이야기해주겠다는 말을 해요. 혹은 다른 의견이 있는 학생이 있는지 물어서, 다양한 학생들의 의견을 모아봅니다.
> 조○○(중학교 한문)

학생들의 이야기를 받아들일 수 있는 마음 자세가 필요하다. 교사는 수업 시간에 주로 말을 하는 역할에 익숙하다. 무엇인가를 가르쳐야 한다는 당위성이 있기 때문이다. 이것은 모든 것을 교사가 해야 한다는 신념이 숨어 있기 때문이다. 그리고 교사는 모든 것을 알아야 한다는 부담감이 지배하기 때문이다. 교사도 틀릴 수도 있고, 옳지 않을 수도 있다. 교사도 가르친 대로 살지 않고, 말한 대로 살지 않을 수 있다. 교사도 사람이다. 실수할 수 있고, 연약함을 지닌 존재라는 알아차림이 있어야 한다. 내 안에 내가 너무도 많으면 아이들이 와서 쉴 곳이 없다.

그러나 교사는 학생들을 도와주는 역할을 할 수 있다. 자신의 생각이 부족한 부분을 학생과 함께 이야기하면서 정리할 수 있다. "너의 마음이 불편했구나. 그 불편함에 대해서 좀 더 자세하게 이야기를 해줄 수 있니?", "다른 너의 생각을 말해 줘서 고맙구나. 선생님의 어떤 부분이 너를 불편하게 해주었는지 말해주겠니?"라고 학생들에게 의견을 묻는 마음의 여유, 그리고 모아진 학생들의 의견을 통합할 수 있는 것이 교사의 역할이다. 이렇게 교사의 수용성은 딜레마의 상황을 벗어나는 길이다. 교사와 학생이 모두 수업에서 평화를 누릴 수 있는 해결책이기도 하다.

그렇다면 어떻게 아이들의 생각을 모아서 개념을 확립할 수 있을까 궁금하다. 박 선생님의 이야기를 들어보자.

> 개념을 이해하는 부분은 귀납적 방법으로 구성되어 있는 경우가 많아서 학생들의 활동 결과를 발표하면서 생각의 차이를 이해할 수 있습니다. 학생들의 발표를 처음 들으면 무슨 말인지 이해가 안 될 때가 많습니다. 학생들끼리

의 질의응답도 그렇고요. 제가 질문을 계속 하다보면 서로 이해가 됩니다. 처음 개념 정리할 때는 시간이 걸리지만 발표를 하는 것이 좋았습니다. 교사의 생각과 학생의 생각이 다르다는 것이 학생이 틀린 개념을 가지는 것이 아니라면 서로 얘기하면서 이해가 될 것 같습니다.

박○○ 선생님(초등학교)

개념을 이해는 방법은 어떤 것이 좋을까? 귀납적 방법으로 생각을 모으는 것이다. 아이들은 자신이 아는 내용을 열심히 손을 들고 말한다. 자신들도 정확히 무슨 이야기인지 모르지만 발표한다.
"내가 읽은 책이 좋은 책이다. 나는 이런 종류의 책을 좋아하는데, 나는 그 책이 좋은 책이라고 생각한다."
왜 그 책이 좋은 책이고, 친구들한테 추천할 만한 것인지 자세히 근거를 대고 이야기하지 않지만 교사는 기다리면서 아이들에게 묻는다. "좋은 책"의 "좋은"은 어떤 뜻을 지니고 있는지. 읽어서 재미있는 책, 졸리지 않는 책, 금방 읽을 수 있는 책, 가격이 싼 책, 읽어서 감동을 받을 수 있는 책, 독후감 쓰기 편한 책, 글보다 그림이 많은 책, 도서관에 있는 책 등등 여러 가지 이야기를 한다. 어떻게 보면 교사가 생각하는 것과 다를 수 있다. 그러나 아이들이 각자의 경험에서 우러나온 '좋은 책'의 개념에는 교사인 내가 생각할 때보다 신선하고 아이다운 상상력을 가진 의미들이 존재한다. 그것이 틀린 경우가 아니라면 왜 그렇게 생각하는지 이야기하면 '다양한 정답'이 나올 수 있을 것이다. 이렇게 다양한 정답으로 뒷문을 열어 놓으면 앞문으로 들어오는 아이들이 많아질 것이고, 토론거리들이 풍성해질 수도 있다.

> 생각이 다르면 서로 토론하면 돼요. 나와 생각이 다른 경우에는 토론의 여지가 생기고 대화의 과정에서 개념이 더 확실하게 잡히고 대화를 지켜보는 다른 학생들이 개념을 이해하는 데도 상당히 도움을 줄 수 있습니다. 개념은 추상적인 것이기 때문에 설명을 듣고 이해한 것 같이 느껴져도 사실은 막연한 것일 수 있어요. 따라서 나와 생각이 달라서 질문하거나 도전하는 학생의 경우에는 굉장히 적극적으로 사고하는 학생입니다. 그래서 계속 이야기하고 서로 의견이 좁혀지지 않아도 괜찮습니다.
> 권○○ 선생님(고등학교 국어)

생각이 다르면 토론이 일어난다. 이것은 이기고 지는 승패의 자리가 아니다. 둘 다 원하는 것을 가질 수 있어야 한다. 학생들은 자신들이 모르는 개념을 토론의 과정을 거치면서 명료화가 될 수 있고, 교사는 학생들에게 효과적으로 개념을 내면화시킬 수 있기 때문이다. 그래서 우선 학생들이 틀린 것이 아니라 다름을 익히는 것이라는 선언이 있어야 한다. 수업 안에서 생각의 안전지대가 형성이 되어야 학생들이 자신들의 다른 생각들을 꺼내 놓으면서 개념을 만들어가는 것이다. 그리고 자신의 생각이 존중받는 것처럼 다른 사람들도 존중해야 한다. 인격적인 관계를 만들어 놓아야 다른 사람들의 이야기를 경청하며 무시하지 않을 수 있다.

개념은 추상적이다. 이것을 구체화시키는 것이 토론이다. 토론을 통해서 개념을 구체화 시키는 작업이 학생들에게 필요하다. 아는 만큼 질문을 할 수 있는 것이다. 수업 시간에 교사에게 자신의 생각이 다르다고 의견을 주장하는 학생들이 많을수록 그 수업은 살아있는 시간이 되는 것이다. 또한 다름을 인정할 수 있다면 의견이 좁혀지지 않아도 서로의 개념이 무엇인지 알고 있지만 그것이 틀린 경우가 아니라면 평행선을 이루어도 좋다는 생각이 필요하다.

다양성을 존중하는 교사의 겸손한 태도

그런데 생각이 틀린 학생에 대해서는 어떻게 하는 것이 좋을까? 최 선생님의 이야기를 들어보자.

> 학생에게 질문을 다시 합니다. 그리고 그렇게 생각하는 이유를 다시 돌아보게 합니다. 혼자 결론에 도달하지 못할 경우 모둠에서 도움을 얻게 하거나 반 전체에서 도움을 얻도록 합니다. 다를 때는 토론을 하지만 틀릴 때는 다른 내용의 진도가 나가지 못하더라도 그 내용을 이해할 때까지 설명을 합니다. 다음 시간에 이어서도 합니다.
> 최○○ 선생님(고등학교 과학)

공부를 잘하는 아이들이 자신의 의견을 굽히지 않고 말하는 경우가 많다고 한다. 물론 이 경우도 다른 학생들에게 도움을 요청하고 개념을 정리하고자 한다. 그럼에도 불구하고 자신의 선행 학습한 내용을 중심으로 자신의 신념을 끝까지 이야기하는 경우에는 전체를 대상으로 차근차근 다시 설명을 해 나아간다. 이런 경우가 많이 생길 때는 수업이 허용적으로 흘러서 학생들이 자유롭게 이야기를 할 때이다.

"너도 한번 이야기를 해봐."

아이들은 거리낌 없이 이야기를 하는 것이다. 자신들이 가진 지식이 형성 과정에서 오류가 있다는 것이 드러나게 된다. 수업의 공기가 탁하고 경직되어 있는 경우 이러한 오류는 노출되지 않지만, 그 분위기가 느슨해지면 자신들이 배운 것을 동원해서 참여를 하게 된다. 이렇게 됐을 때 잘못 형성된 개념들이 쏟아져 나온다. 교사의 역할은 이해된 부분이 어디이며 이제 무엇을 보강해줘야지 튼튼한 건물이 될 수 있는지 알아내는 것이다. 부실한 공사로 지어진 건물은 쉽게 무너진다. 그러나 보강을 거쳐서 문제가 드러난 부분을 고치면 온전한 건물로 재탄생한다. 교사는 보수자의 역할을 담당한 것이다.

이 딜레마 문제를 해결하는 데 중요한 관점은 문제를 누가 가지고 있으며 어떻게 해결할 것인가이다. 개인적인 측면으로 좁혀서 살펴본다면 교사가 이 문제를 가지고 있으며, 해결자 역시 교사라는 것이다. 김 선생님의 이야기를 들어보자.

교직 생활 한참 동안에는 용납하기가 어려웠어요. 특히 학생의 시각이 한쪽으로 치우쳐 있고, 근거를 대는 것이 아니라 자신의 현재 감정에 젖어 있는 경우가 있을 때 그랬습니다. 나의 말 억양에서 나타나는 강한 사투리와 단정적 어투로 상대방이 상처를 받는 것을 발견하고는 조금 여유를 가지고 학생을 대할 수 있었어요. 나의 생각을 강하게 내 보이는 것보다 학생의 감정 부분을 읽으려고 하면 학생도 자신의 생각을 좀 더 정리하여 나타내는 것을 경험했어요. 시간이 많이 걸려 터득했습니다.

김○○ 선생님(중학교 도덕)

경상도 사투리가 유난히 심했던 김 선생님은 지난 수업 시간에 학생들과 감정싸움을 한 것을 후회한다. 아이들이 감정에 휩싸여 자신의 의견을 이야기했을 때 그것을 담아내지 못하고 강하게 대거리를 하며 받아쳤던 모습이 떠오른다. 내가 좀 더 여유를 가지고 그 아이의 감정을 만져줬더라면 아이도 자신의 생각을 정리해서 말했을 턴데 하는 아쉬움 마음이 있다. "어찌 감히 나에게 덤벼!" 하는 감정이 올라와서 문제의 본질이 "너 때문에 이렇게 된 거야!"라는 말을 하게 되는 것이다. 사실은 문제의 본질은 교사인 자신한테 있다는 것을 발견하는 데 시간의 흐름이 필요했다.

그런데 이런 모습이 김 선생님에게만 해당하는 것은 아니다. 대한민국의 특수한 수업 문화로서 존재하는 것은 아닐까?

이 부분은 다른 문화권에서 오신 분과 이야기를 나누면서 큰 도전을 받은 적이 있습니다. 한국은 권위 의식이 뚜렷하고 무언가 '정답'이 있으며 그 '정답'을 교사가 제시해야 할 것 같은 형태를 띠고 있다는 것이지요. 미국에서 그 분이 배운 것은 fact를 중심으로 안내를 받고, 그것을 학생들이 적용해보고 창조적 의견을 도출해내며 교사의 생각도 그의 실례로 제시될 수 있는 차이를 가지고 있었습니다. 창의성의 측면에서 볼 때, 교사의 겸손함이 해당 학문을 학생들이 더 직접적으로 충분히 경험할 수 있도록 하는 것 같습니다.

김○○ 선생님(초등학교 영어 전담)

    수업은 문화를 형성한다. 그리고 수업 문화도 있다. 사람들이 살기 때문이다. 그리고 수업은 사회적인 영향력을 긴밀하게 받기도 하고 주기도 하는 복합체이다. 우리가 살고 있는 사회·문화적 토대 위에 세워졌기 때문이다. 덴마크에 갔을 때 가장 많이 받은 질문은, '한국은 평등한 나라인가? 위계가 잘 세워진 나라는 아닌가?'이었다. 이 질문에 언제나 답을 해야 했다. 매우 불편한 진실을 우리는 가지고 있다. 그래서 궁금했다. 그들이 말하는 평등이란 무엇일까?

    내가 덴마크에서 경험[6]한 평등이란 지위, 성, 민족, 종교, 물질, 학벌, 지역을 고려하지 않은 평등이다. 초등학교 아이들부터 대학생까지 그들은 학교에서 평등을 보고 배우고 실천한다. 아이들

---

6. 나는 2012년 경기도 연구년 교사로 선발되어 덴마크에서 97일 동안 머물면서 덴마크의 초·중·고·대학교를 방문해서 수업을 관찰하고, 덴마크 교사들에게 수업 딜레마에 대한 인터뷰를 실시하였다.

과 아이들이 평등하고, 교사와 아이들이 평등하고, 교사와 교장이 평등하다. 그리고 교사와 교수가 평등하다. 시장과 시민이 평등하다. 사회 구성원, 즉 역할로 만나지 지위로 만나지 않는다. 그래서 사회적 긴장감이 없다.

평등(Equality). 평등함이 역할을 넘어서지 않는다. 침범이 없고 방종과 무책임의 경계가 정확히 세워진 나라 덴마크. 무질서하면서도 질서와 존중을 지킬 줄 아는 사람들. 평등하기 때문에 서로에게 친절하고 지나친 관심으로 상대방을 힘들게 하지 않는다. 평등이란 다양성을 존중하는 것이다. 너의 선택과 나의 선택이 다를 수 있고, 그것으로 인한 차별은 존재하지 않는다. 이 모든 것이 문화의 힘에서 나오는데, 그것을 떠받치고 있는 것은 교육의 힘이다.

질문을 하면 언제나 답해주는 선생님이 있다는 것을 알기에 손을 끝까지 들고 차례를 기다린다. 나는 5분 이상 손을 들고 자신의 의견을 말하기 위해서 수업 시간에 기다리는 고등학교 3학년 학생들을 봤다. 내릴 때도 됐는데, 결코 내리지 않는다. 교사는 손든 학생을 어떻게 하든지 끝까지 시키려고 한다. 교사와 학생이 서로 존중한다. 왜냐하면 사람이기 때문이다. 인격적인 만남이 있는 곳에 배움이 있는 것이다.

예시할 것인가, 정의할 것인가?

> 일반적으로 단원 들어갈 때 고민이 많습니다. '학생들에게 어떻게 설명할까?' 예를 들어 설명하면 아이들이 쉽게 다가서고 이해도 빠르지요. 하지만 적당한 예시를 찾는 것이 매우 어렵습니다. 그리고 대부분의 교과서를 보면 개념 설명을 할 때 정의를 내리고 그 다음에 설명을 하는 방법을 택하는 경우가 많습니다. 예를 들어 설명하다보면 '구슬이 서 말이라도 꿰어야 보배라', 생각을 모으는 과정이 어렵습니다. 그런데 예시할 경우 이야기가 딴 데로 가는 경우도 많아요. 물론 개념을 정립하는 데 시간이 많이 걸리는 것도 문제이지요. 하지만 개념에 대한 정의를 하면 교사인 나는 좋죠. 정의만 말하면 되는 거잖아요. 아주 명료하죠. 군더더기가 없어서 좋습니다. 근데 아이들의 빛나는 생각이 반영이 되지 않아서요. 개념을 잘 이해했을까, 아이들이 그냥 외우지는 않을까봐 염려가 되기도 합니다. 이해되지 않는 정의는 소화가 되지 않고, 탈이 납니다. 그래서 고민이 됩니다.
>
> 이○○ 선생님(고등학교 국어)

이 선생님은 '감정이입' 수업을 하려고 한다. 첫 번째 수업은 정의를 먼저 제시하는 수업을 해봤다. 사전에 나와 있는 정의를 살펴봤다. "어떤 대상에 자신의 감정을 불어넣거나, 다른 사물로부터 받은 느낌을 직접 받아들여 대상과 자신이 서로 통한다고 느끼는 일." 감정이입이란 우선 대상이 있어야 하고, 그리고 그 대상에 자신의 기쁨, 노여움, 사랑, 즐거움, 슬픔, 증오, 욕심의 감정을 넣고, 대상과 자신이 하나 됨을 느끼는 것이라고 정의하였다. 그리고 문장 완성하기 구조로 감정이입이란 "○○○이다. 왜냐하면 ○○○이기 때문이다." 라고 재개념화를 하게 했다.

두 번째 수업은 사례를 중심으로 개념을 익히는 작업을 제시했다. 다음 시를 읽고 가장 마음에 와 닿은 부분에 동그라미를 그려보고, 그 이유는 무엇인지 짝과 이야기를 해보자. 그러면서 교사의 이야기를 했다.

"선생님도 가끔 수업하다가 힘들고 어려워서 포기하고 싶은 마음이 든다. 내가 교실에서 너무 외롭다. 수업 시간에 자는 아이들을 보고 화가 날 때도 있지만, 그 아이들이 일어나 수업에 집중할 수 있도록 여러분을 돕지 못하고 있어서 마음이 아프다. 여러분이 힘들어 하는 모습을 보고, 나는 이들을 위해서 무엇을 할 수 있을까 생각을 해보는데, 잘 생각이 나지 않더라. 그래서 내가 더욱 미워지기도 한다. 어쩌면 자는 아이들을 그대로 자게 해주는 것이 그들의 삶을 인정해주는 길이 아닐는지 딜레마에 빠지기도 한다. 어차피 내가 그들의 인생을 책임져주지 못하는데, 관심 있는 척하면서 깨우는 나의 모습이 가식 같고, 이중적인 것 같아서 싫어진다. 그래도 나는 포기하고 싶은 마음이 없다. 조금이라도 여러분이 허락만 한다면 함께 고민하고 아파하고 싶다. 그래서 이 시를 여러분에게 주고 싶다. 나처럼 길을 잃어버린 사람에게 위로를 해주고 힘내라고 '어기어차'라고 외쳐주는 것 같아서. 여러분에게도

이 시가 영차 영차 힘내라고 응원을 해 줄 것이다. 지금은 쓰러져 있지만, 지금은 길을 잃어버리고 어디로 가야 할지 모르지만, 언젠가는 여러분의 계절을 만나서 화려하게 꽃 필 날을 기대하면서. 너에게 있는 하늘을 쳐다보라. 그곳에 너만의 하늘이 있을 것이다. 그리고 여러분 주변에 힘들고 아파하는 친구들에게도 이 시가 힘이 되어 줬으면 좋겠다."

    그리고 시를 나눠 주고 가장 마음에 와 닿는 동그라미를 그려보라고 이야기를 해주고 아주 잔잔한 배경 음악을 틀어준다.

너의 하늘을 보아

박노해

네가 자꾸 쓰러지는 것은
네가 꼭 이룰 것이 있기 때문이야

네가 지금 길을 잃어버린 것은
네가 가야할 길이 있기 때문이야

네가 다시 울며 가는 것은
네가 꽃피워 낼 것이 있기 때문이야

힘들고 앞이 안 보일 때는
너의 하늘을 보아

네가 하늘처럼 생각하는
너를 하늘처럼 바라보는

너무 힘들어 눈물이 흐를 때는
가만히 네 마음이 가장 깊은 곳에 가 닿는
너의 하늘을 보아

　교실에서 어떤 일이 일어났을까 궁금하지 않은가. 아이들은 어떤 경험을 하고 어떤 배움이 일어날까. 교사 상처를 드러내 놓고, "나도 아프다. 너도 아프지. 우리는 수천 번 흔들리면서 꽃을 피우는 거다. 그렇기 때문에 지금 여기를 즐기고, 충분히 아파해라. 아픈 것은 창피한 것이 아니다. 그리고 너의 하늘을 보아라. 너를 아주 많이 닮은 푸른 하늘."이라고 말하는 것이다. 교사의 예상을 넘은 일이 일어났다.

　아이들은 차분해졌다. 갑작스러운 진지한 분위기 때문이다. 그리고 이렇게 나의 이야기를 했다. 지금까지 나의 부족함을 채워줘서 고맙다고 앞에 나와서 자신의 이야기를 하는 것은 용기가 필요한 일이지만 한번 용기를 내보라고. 그랬더니 한 여학생이 손을 들고, '네가 자꾸 쓰러지는 것은 네가 꼭 이룰 것이 있기 때문이야'를 선택했다고 하면서 자신에게 하늘은 할머니라고 이야기한다. 할머니의 품에 안기면 모든 것이 힐링되기 때문이라고 한다.

　그리고 한 남학생이 눈을 맞추는 순간 부탁을 했다. 한번 용기를 내서 발표할 수 있냐고, 그 남학생은 뚜벅뚜벅 걸어와서 '너무 힘들어 눈물이 흐를 때는 가만히 네 마음이 가장 깊은 곳에 가 닿는 너의 하늘을 보아…' 이 부분이 가슴에 와 닿는다고 했다. 그러면서 가끔 눈물 흘릴 때가 있다고 사람들에게 이해받지 못할 때 외롭다고 한다. 그래서 가끔은 못된 생각을 해서 자기 파괴까지 가는 극단적 생각을 할 때가 있다고 한다. 그럴 때면 방송에서 나오는 사람들의 어려운 사정들을 보고 위로를 받는다고 말했다. 자신도 힘들지만 저분들도 어렵다는 것을 느낀다고 한다. 수업이 끝난 후에 한 남학생을 만났다. 국어 수업 도우미를 못하겠다고, 국어 성적이 잘 나오지 않아서 이제는 그만둔다는 아이였다. 그 아이에게 오늘 수업의 느낌을 물어봤다. 그랬더니 나를 안아주면서 "선생님 감동이었습니다."라고 말을 건넸다. 사실 나도 이 시를 읽고 나서 내 이야기를 하는 동안 감정이 올라왔다. 표현할 수 없는 가슴 깊은 곳에서 올라오는 울컥함이 있었다. 그렇게 나는 감정이입을 나의 얼굴과 말, 몸으로 보여줬다. 다른 선생님께 질문을 드렸다. 선생님은 이 시를 읽고 어떤 마음이 드세요?

"저는 20년차 교사입니다. 그런데 이 시를 읽으면서 느끼는 것은 내가 날마다 수업 속에서 쓰러지는 존재라는 사실입니다. 외로운 줄타기를 하면서 어떻게 갈까 하고 고민합니다. 교직 경험이 쌓이면 이 문제가 해결될 거라고 믿었는데, 경험이 더 할수록 힘이 더 듭니다. 교사는 돕는 자라고 생각했는데, 돕지 못하고 있구나 하는 생각이 자꾸 듭니다. 길을 잃어버렸습니다. 힘이 들고 앞이 보이지 않을 때가 많습니다. 그리고 시선을 맞출 곳이 없네요.

그러다가 발견하게 되었습니다. 나의 하늘은 아이구나. 아주 평범한 깨달음을 얻었습니다. 언젠가 아이들 때문에 가슴이 먹먹했는데, 한 아이가 다가와서 이렇게 이야기 하더군요. 선생님 아이들 때문에 힘드시죠. 이제는 그 힘든 것을 우리가 풀어 드릴게요. 그랬습니다. 몰랐습니다. 하늘이 아이들이라는 것. 그래서 저는 아이들을 하늘로 보기로 했어요. 제가 힘들 때 그 아이들에게 시선을 맞춥니다."

예시는 배움의 진입로를 뚫는다

예시의 힘은 크다. 감정이입의 개념을 정의했을 때 맛볼 수 없는 감정의 교류가 일어난다. 학생들도 감정이입을 단어로 정의했을 때는 머리로 익힐 뿐 가슴이 따뜻하거나 울컥하고 감정이 올라오는 것을 느끼지 못했다. 차가운 수업을 한 것이다. 따뜻함이 없는 감정이입은 화석화된 개념이다. '대상 속으로 포함된 나.' '대상과 감정의 끈이 촘촘히 연결되어 있어서 감정의 촉수가 맞닿은 나.' 그러나 아이들이 좋아 아이들과 함께 부대끼면서 속상하고 아파하고 기뻐하며 상처 입은 치유자가 되는 것을 통해 감정이입의 힘을 배울 수 있다.

앞에서 중학교 한문을 가르치는 조 선생님은 수업 시간에 학생들의 자유로운 생각을 이끌어냄으로써 개념 이해로 나아가는 수업을 보여주었는데, 이것은 예시적 방법에 상당한 중요성을 부여하는 것으로 이어진다.

> 어린 학생들에게 설명할 때 저는 주로 학생들의 삶과 관련이 있는, 일상에서 경험하는 것들로 예를 들어요. 주로 이런 예시는 일정한 스토리가 있기 때문에, 학생들은 재미있는 이야기를 듣듯이 내용에 몰입해서 듣게 됩니다. 이러한 과정에서 교과의 내용이 어렵더라도 부담을 덜 갖고 쉽고 재미있게 받아들이는 것 같아요. 그리고 오랜 시간이 지나도 정의를 내릴 때보다 예시의 내용을 더 잘 기억하는 것 같습니다.
>
> 조○○ 선생님(중학교 한문)

조 선생님은 예시의 내용이 개념을 이해하는 데 학생들에게 도움을 줄 수 있다고 이야기한다. 수업의 실제에서도 조 선생님은 아이들에게 예시를 통해서 개념 정리를 한다. 앞서 제시된 수업과 같이 수업 단원의 주제가 '어리석음을 깨치고'이다. 학생들에게 한자성어를 알려 주지 않고, 어리석은 사람 즉, 무식한 사람이란 어떤 사람인지를 학생들에게 질문을 던진다. 그러면 학생들은 자신들이 직접 예를 들어가며 설명을 한다. 그 예시에 담긴 스토리를 말한다. 누가 눈치가 없는지, 개념이 없는 것이 얼마나 무식한 것인지 자신의 사례를 들어가면서 이야기한다. 학생들은 공감하면서 까르르 웃고, 맞장구치며 여기저기서 다시 손을 든다. 그리고 조 선생님은 학생들이 말한 것을 워드프로세서로 정리해서 모니터 화면에 보여준다. 그리고 학생들은 자신들이 찾은 예시로부터

'무식한 사람은 누구인가'에 예를 들어 설명하려는 학생들

뜻이 유사한 한자성어를 찾는 학습을 한다. 이렇게 아이들은 자신들의 스토리가 담긴 예시를 통해서 개념을 정리하게 된다. 이렇게 예시로 개념을 이해하는 경우는 초등학교 학생들에게 더 적합할 수 있다.

그렇다면, 초등학교 수업에서는 개념 설명을 위해 예시와 정의 가운데 어떤 방법을 자주 사용할까?

> 초등 수학은 구체적 조작기의 학생들이므로 예시를 통해 학생들이 이해를 더 잘 하게 됩니다. 이런 구체적인 예시를 통해 학생들이 점점 일반화할 수 있게 한 후에 정의를 내리는 것이 초등에서는 주로 이용되는 방법입니다.
>
> 이○○ 선생님(초등학교)

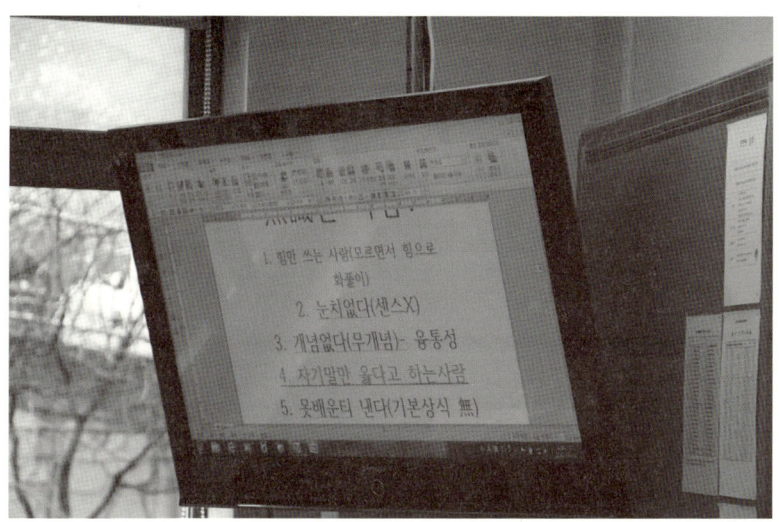

'무식한 사람은 누구인가' 예시하는 모니터 화면

직접적인 체험을 통해서 표현하게 해요. 음악 만들기. 음악을 몸으로 표현하기. 다른 음악에서 찾아보기. 동작을 크게 하거나 작게 하거나 할 수 있어요. 소리에 대한 탐색을 하는 것이죠.

장○○ 선생님(초등학교 음악 전담)

물론 고등학교에서도 예시를 들어서 개념을 정리하는 경우가 많다.

저는 예시를 하는 편입니다. 정의는 예시에 비해 추상적이기 때문에 학생들의 개념 이해에 도달하는 데 도움을 주기가 어려워요. 비유적으로 예시할 수 있으면 더 좋습

니다.

권○○ 선생님(고등학교 국어)

예시합니다. 모든 것을 생활에서 끌어옵니다. 탐구 과제도 생활에 있는 것을 얘기하도록 합니다. 예시가 충분해지면 마지막에 정의를 합니다. 귀납적 사고를 주로 이끌어 냅니다. 교사의 정의가 앞서면 공부하기 수월하나 창의적인 생각은 조금 어려워집니다. 고3은 정의를 먼저 하기도 합니다. 정의를 내리고 설명을 풀어나갈 경우가 수월하고 시간 절약도 되기 때문입니다.

최○○ 선생님(고등학교 과학)

사회과는 개념이 많이 나오는 교과이다. 그래서 사례를 들어 수업을 하는 경우가 많다고 한다. 이 선생님의 이야기를 들어보자.

사회과는 학습 요소 중 개념이 상당히 많습니다. '개념 과목'이라고 해도 과언이 아니죠. 개념은 어떤 현상이나 개체에 공통적 요소를 추출하여 추상적인 용어로 정의해 놓은 것이라고 생각합니다. 그래서 많은 예들이 존재하죠. 저는 사회과 수업에서는 개념에 대한 '예시' 선정 및 제시가 상당히 중요하다고 봅니다. 어떤 예시를 어느 정도로 제시하느냐에 따라 학생들의 개념 이해의 정도가 상당히 달라질 수 있기 때문입니다. 그래서 한 개념에 대한 예를 많이 생각하려고 하는데 적절한 예가 잘 떠오르지 않아 어렵긴 합니다.

이○○ 선생님(고등학교 사회)

이 선생님은 사회과는 '개념 과목'이어서 예시를 많이 들기 때문에 예시의 선정 및 제시가 중요하다고 이야기한다. 이 선생님의 수업 속으로 들어가 보자.

먼저 학생들에게 각각의 상황 제시를 한다. '이럴 때 어떻게 할 건가요?'라는 제목으로 각각 여러 가지 상황이 제시된 카드를 각 모둠별로 나눠준다. 카드에 제시된 상황은 대략 다음과 같다. 1억 원의 현금이 든 가방을 주웠을 때, 지하철을 급하게 탔는데 배가 아파서 역에 내렸는데 그 지하철 역사의 화장실이 공사 중일 때, 등교 시간에 늦지 않기 위해서 버스를 탔는데 내릴 때 버스카드가 없을 때, 조용한 도서관에서 갑자기 가스가 분출해서 사람들이 보고 있을 때 등등. 각각의 상황에 따라 어떻게 할 것인지를 묻는 '상황' 카드를 학생들에게 나누어 주고 학생들 각자 자신이 받은 카드의 상황에서 어떻게 할 것인가를 발표하고 토론한다. 카드를 가지고 학생들은 자신의 경험을 이야기하면서 어떻게 그 상황을 해결할 것인가를 토의한다. 기발한 아이디어들이 쏟아지고 웃음이 터진다. 모둠별로 제시된 상황에 대한 해결 방안을 토론해서 정한 후에 이 선생님의 질문이 나온다.

교사 왜 이 모둠에서는 화장실이 급한데, 다음 정거장까지 가서 볼 일을 보려고 했을까요? 우리는 왜 아무데서나 일을 보려고 하지 않을까요?

학생 창피하니까, 보는 시선이 있어서, 어릴 때부터 그렇게 길들여져서.

 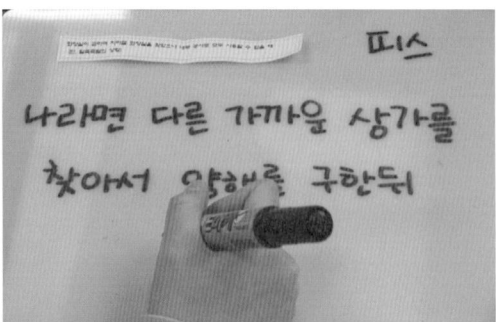

제시한 상황에 대한 해결 방안 찾기

교사 중요한 이야기했지요. 왜 우리는 버스에 탔을 때 버스카드가 없어서 다른 사람들의 시선을 의식할까요? 우리가 그렇게 배웠지요. 그게 바로 사회화입니다.

개념이 내면화되는 데는 시간이 필요하다

한편 예시와 정의 가운데 특별히 하나를 선택하기보다는 학습 상황에 따라서 예시나 정의를 사용할 수도 있다. 예시와 정의 중에서 하나를 택일하라는 건 이상한 말이다. 예시를 통해 귀납적으로 개념을 도출하는 게 좋은 단원이 있고, 그게 어울리는 아이들이 있다. 반대로 연역적으로 정의를 통해 거기서부터 다양한 예시들을 만들어가면서 내용을 이해할 수도 있다. 특별히 무엇이 옳다는 방법론은 없다. 이건 상황에 따라 다르다.

> 한편 개념 이해가 한순간에 이루어질 것이라고 믿는 건 오만한 생각입니다. 당장 설명을 해주어도 이해가 안되고, 문제를 줘도 이해가 안되다가도 하룻밤 자고 일어나면 이해가 되기도 합니다. 기다려줄 필요가 있어요. 예시를 쓸까? 설명을 할까? 좋은 수학적 경험을 해주게 한다는 것에 초점을 맞춰야 한다고 봅니다. 그리고 기다리면, 때가 되면 수학적 이해가 올 것이라고 생각합니다.
> 오○○ 선생님(중학교 수학)

오 선생님의 경우에는 귀납적으로 도출하는 내용이 있고, 연역적으로 접근하는 내용이 있기 때문에 상황에 따라서 예시와 정의의 방법으로 개념을 이해시킬 수 있다. 그리고 개념 이해가 하루아침에 이루진다는 보장이 없는 것이다. 이해가 잘 되지 않는 부분도 시간이 흐르면 이해가 될 수 있는 것이다. 이것은 좋은 수학적 경험을 줄 것인가에 오히려 초점을 맞춰야 하는 것이다. 교사가 학생들을 기다리면 수학적 이해가 올 것이라고 이야기한다. 그렇다. 세월이 지난 후에 수학책을 보면서 빙그레 웃은 적이 있었다. 그때는 '왜 개념을 이해하지 못했을까?' 그런데 시간의 힘이 수학적 이해의 힘을 키워준 것이다. 어쩌면 아이들도 개념을 이해하는 데 시간이 필요할 수도 있다는 생각을 하게 된다.

개념을 설명하는 데, 예시와 정의가 사용되는 경우에 위계가 있을 수 있을까 이 문제를 풀면 딜레마도 해결될 수 있다. 조 선생님의 이야기를 들어보자.

'개념 이해'가 목적이라면 두 방법을 다 사용해도 상관없지 않을까요? 저는 정의하고 이해 못 하는 것 같으면 예도 들고 그렇게 해요. —좀 쉬운 내용이라고 생각될 때. 아니면 예부터 든 다음에 정의를 하기도 하고요. —좀 어려운 내용이라고 생각될 때.

조○○ 선생님(중학교 국어)

개념 설명을 목적으로 한다면 쉬운 내용은 정의를 사용하면 명료하고 시간도 덜 걸리게 된다. 그런데 어려운 내용은 예시를 들고 정의를 하는 방법이 위계 구조에 적합하다고 생각한다. 쉬운 내용은 여러 가지 예시를 들어가면서 설명하는 것이 학생들이 개념을 이해하는 데 혼란함을 줄 수 있다. 어려운 내용은 사례를 들어 풀어서 이야기를 함으로써 개념을 잘 이해할 수 있다.

이렇게 본다면 예시와 정의를 사용해서 개념을 이해하는 경우가 명료해진다. 예시와 정의는 개념을 이해하는 데 중요한 설명의 방법이다. 과목 성격을 반영하여 교사가 의미 있는 지점에서 취사선택을 하는 것이 바람직하다. 학교 급간에 따라서, 초등학교의 경우에는 예시를 통해서 학생들에게 설명을 하는 것이 개념 형성을 위하여 설명으로 적합하며, 고등학교 상급학년으로 갈수록 정의에 따른 설명이 적절할 수 있다. 고3인 경우, 정의를 내리는 방식으로 내용을 풀어나갈 때가 수월하고 시간 절약도 되기 때문이다. 내용에서 쉬운 부분은 정의로 개념을 설명하고, 어려운 부분은 예시를 한다. 예시는 개념 형성을 위한 작업이 오래 걸리기 때문에 교사에게 기다림의 태도가 필요하며, 정의는 오개념을 줄일 수 있지만 기본적인 지적인 수준이 됐을 때 명료한 개념 이해에 도달하도록 도움을 준다.

그러나 개념 이해가 내면화되기까지는 시간이 필요하다. 포도주의 맛과 색깔이 깊고 아름다운 것은 세월의 힘이라고 한다. 그래서인지 여전히 나에게 수업은 개념 정리하기 힘든 어휘다. 수업은 복잡한 작용이 일어나는 문화의 시공간이기 때문이다. 어느 순간은 전쟁터로 돌변해서 수많은 전투를 경험하기도 하지만, 그 상처를 어루만져주고 힐링(healing)이 되는 치유의 장소가 되기도 한다. 세월이 흐르면 상처 난 부분이 자연스럽게 아물듯이 내가 알지 못했던 수업에 대한 고민도 어느 순간 깨달을 때가 오지 않을까 하는 바람도 있다. 단지 그때가 그리 멀지 않아서 내가 서있는 지금 여기에서 알아차림의 기쁨을 누렸으면 하는 바람을 가지는 것이 필요하다.

교사의 질문 의도나 맥락에서 학생의 답변이 벗어날 때

수업 시간에 내 질문의 의도를 알지 못하고 대답하는 아이들이 있어요. 그럴 때마다 화도 나고 짜증도 나지만 마음을 가다듬고, 친절하게 선생님이 질문하는 의도를 자세하게 알려주려고 노력하지요. 도대체 아이들은 무슨 이야기를 듣고 있는지 모르겠어요. 집중을 잘하지 못하는 것은 아닐까 하는 생각도 합니다. 물론 다른 사람의 이야기를 들으려는 태도가 없는 것은 아닌지도 헤아려 봅니다. 그러나 속마음은 부글부글하지요. 겉으로는 친절하게 이야기를 건네지만 이럴 때 내가 어떻게 해야 하는지 어렵습니다. 몇 차례 반복적으로 다시 설명을 해야 하는 건가요? 내가 질문을 제대로 한 것인지 살펴보기도 하지요. 이런 아이들을 수업에서 만날 때 어떻게 개념을 이해시킬지 고민이 돼요.

김○○ 선생님(고등학교 국어)

김 선생님은 이런 학생들을 만나면 어떻게 할까 고민이 많다. 먼저 생각해 본 것은 학생의 입장을 고려한다. 수업 시간에 교사의 질문에 답변을 하는 것은 여러 가지 정황으로 볼 때 용기 있는 행위다. 그 자체에 대하여 인정하는 마음 자세가 있어야 한다. 교사가 아이의 답변이 틀렸다고 거부하면 아이는 '거절'의 상처를 입은 것이다. 거절 받아본 경험은 유사한 상황이 생겼을 때 다시 반복적으로 일어난다.

더구나 권위자에게서 받은 거절의 상처는 부정의 감정을 생성한다. "나는 거절당했어. 내가 어떤 이야기를 해도 믿지 않을 거야. 나는 틀렸어." 이런 학생들은 성인이 돼서도 어떤 사안에 대하여 판단을 하되 쉽게 결정은 내리지 못하게 된다. 자아에 대한 부정 의식이 형성돼서 그릇된 자아 개념[7]이 형성될 수 있다. 즉, 자아 개념은 개인의 내부에 있는 것이지만, 개인의 내부에서 자생하는 것이 아니라 자신과 관련된 다른 사람의 말에 영향을 받아 형성된다. 성장기에 자아 개념에 영향을 미치는 사람은 주로 부모님, 선생님, 친구 등이다.[8] '너는 ~이다'라는 낙인효과가 학생에게 내리는 순간 그 아이는 배움에서 도주하는 학생이 된다. 그럼 이런 상황에 마주한 교사는 어떻게 해야 할까?

질문을 다른 방식으로 시도한다

학생이 용기를 내서 답변을 한 것인데, 교사의 질문 의도나 맥락에 벗어났다고 해서 그것이 완전히 '틀렸다.'라고 말하면 학생은 무척 무안하고 부끄러움을 느낄 것 같아요. 그러면 그 이후에 발표하는 것에도 머뭇거리고 두려움을 느낄 수 있을 것 같아서, 맞고 틀림의 여부는 말하지 않고, '좋아. 그런데 말이지 다시 한 번 생각해 볼까?'라고 말하며, 좀 더 구체적이고, 쉬운 언어로 다시 질문을 던져

---

7. 자아 개념은 다른 사람들이 자신한테 이야기한 내용을 바탕으로 형성된다.
8. 박영목 외, 『화법과 작문』, 천재교육, 2013, p 248

요. 혹은, '○○이의 생각을 보충해 줄 사람?', '다른 의견 있는 사람?'이라며 전체에게 질문을 돌립니다.

조○○ 선생님(중학교 한문)

답변한 아이의 예상을 뛰어넘어서 무안을 주지 않고, 아이에게 기회를 준다. 이때 교사가 아이에게 다시 한 질문은 어렵고 추상적인 것이 아니라 쉽고 구체적인 질문이다. '좋아'라고 하는 교사의 응답은 학생에게 긴장감을 낮추는 기능을 한다. 인정받았다는 신호이다. 그러면 아이는 부끄럽거나 창피하지 않을 것이다. 용기를 내어 답변을 한 행위에 대한 인정을 받았기 때문이다. "그런데 다시 한 번 생각해 볼까"는 교사가 학생에게 사고의 여유를 주는 과정이다. 이 과정에서 학습자는 자기 성찰을 하게 된다. "내가 말한 답변에 어떤 오류가 있을까"하고 반성적 사고를 한다. 스스로 돌아보게 하는 이 질문 하나가 학습자에게 지적인 자극을 줘서 스스로 자문하는 '생각 습관'을 하게 한다.

또한 다른 친구들에게 '되돌리기'를 한다. '○○이의 생각을 보충해 줄 사람?', '다른 의견 있는 사람?' 또래란 나이와 문화적인 환경이 비슷하여 공감을 이끌어내기 쉬운 공동체다. 교사의 질문이 어렵거나 딱딱해서 학습자들이 이해하기 어려울 수 있지만 또래는 그들의 소통 방식으로 다른 학습자를 이해시키고 설득한다. 1차적인 지식의 유통자일 뿐만 아니라 2차적인 지식의 생산자가 되는 것이다. 답변한 학생의 언어를 잘 아는 학생들이 배움의 해결자로 나서는 것이다. 이때 다른 학생들의 답변을 지나치게 칭찬하는 것은 역효과를 가져 올 수 있다. 다른 학생 역시, 먼저 답변한 학생의 보완 역할에 머물게 하는 것이 필요하다.

이런 과정을 거치면서 학습자는 개념 이해에 도달할 수 있는 충분한 의사소통의 장을 경험케 된다.

> 어떤 학생은 몇 번의 질문을 해도 계속 벗어나는 경우가 있는데 보통 다섯 번 정도까지는 다시 질문을 합니다. 그리고 답을 찾을 수 있도록 계속 주변의 예시를 들거나 교과서의 내용을 이야기하고 또 찾아보게 합니다. 그래도 모를 경우 수업의 맥락과 큰 관련이 없다면 다른 친구의 도움으로 답을 찾게 하지만, 수업의 맥락과 관련이 크다고 생각되면 반 전체에 과제를 주고 다음 시간에 다시 토론을 합니다.
>
> 최○○ 선생님(고등학교 과학)

최 선생님은 충분한 기다림의 수업으로 딜레마를 해결한다. 동일한 질문을 다섯 번이나 하는 이유는 무엇일까? 이것은 학습자가 질문한 교사의 의도를 명료하게 이해했는가를 확인하는 절차이다. 학습자는 교사의 발문을 잘못 이해할 가능성이 있다. 그것은 학습자의 집중 부족 때문일 수도 있고, 교사의 질문 형태가 모호하거나 명료하지 않을 수도 있기 때문이다. 반복 질문의 효과는 불명확성을 진단하여 명료화하게 해준다.

이런 과정에서 교사의 역할이 중요한데, 일상생활 주변에서 예시할 수 있는, 교과서의 내용을 찾게 하는 학습 전략을 선택한다.

학습자를 도와주는 교사의 역할은 학생과 교사 사이의 관계를 형성해서 학습자가 신뢰를 갖게 하는 것이다. 그러면 학습자는 자기 탐색을 통해서 개념 이해를 할 수 있다. 그리고 이런 학습자가 있다면 더구나 핵심 개념과 관련이 깊은 것은 반 전체와 토론을 하는 시간을 가져서 개념을 모두가 완전히 이해할 수 있도록 해야 한다. 한 아이가 이해하지 못하는 개념이면 다른 아이도 알지 못한 상태로 넘어갈 수 있기 때문이다. 개념을 이해하지 못할 때 할 수 있는 수업의 방법은 토론이다. 예컨대 물의 끓는점은 반드시 100℃ 인가. 이 질문을 학생들에게 해보고 수업을 진행해도 좋을 것이다. 이런 과정을 거친 아이들은 끓는점의 개념을 정확하게 이해할 수 있다.

존중하고 기다린다

> 교사는 학생들에 대해 끊임없이 인내해야 한다. 교사가 질문했을 때 학생이 동문서답을 할 가능성은 충분히 있다. 그럴 때 혼을 내거나 무시하면 절대 안 된다. 학생의 답을 존중하되, 다시 한 번 질문을 하고, 교사의 질문의 의도가 더 분명하게 전달될 수 있도록 하는 것이 중요할 것이다.
>
> 엄○○ 선생님(고등학교 수학)

가끔씩 이런 질문을 나에게 던진다. 교사가 질문한 내용을 학생들이 답변을 할 때, 학생들이 충분히 틀릴 수 있다는 가능성을 교사인 나는 예상하였는가. 왜 아이들은 내가 질문한 것에 반드시 정답을 이야기해야 하나. 그들에게 틀릴 자유는 없을까. 아이들이 교사의 질문에 답변한 내용을 과연 내면화된 개념으로 가지고 있을까. 피상적인 개념 이해에 머무르고 있지는 않을까 하는 생각을 하곤 했다. 틀릴 수 있는 자유를 가진 아이들이 보다 정확하게 개념 이해를 할 수 있다는 신념이 내 안에 부족하다는 것을 느낀다. 그래서 "그 생각도 적어도 이런 관점에서라면 일리가 있다. 그러나 선생님의 의도는 이런 관점을 얘기하고 있는 것이다." 이렇게 말할 수 있는 마음의 여유가 있어야 한다.

> 이런 일은 중학교에서 흔하게 일어나는 일이다. 특히 수준별 수업에서 수준이 낮은 반 아이들은, 최대한 눈높이에 맞춰서 질문을 하는데도 딴소리를 할 때가 많다. 이럴 때는 두 번 세 번 질문을 다시 하는데 그렇게 하는데도 이해를 못하면 그냥 내가 답을 하거나 다른 학생이 답하는 것을 인정해준다.
>
> 임○○ 선생님(중학교 영어)

학교에서 진행되는 영어 수업을 살펴보면 수준별 이동식 수업을 한다. 개념 이해를 잘하는 아이들은 영어 수준이 상반에 있는 아이들이다. 수준이 낮은 아이들을 수업에서 만나는 선생님들은 속이 터진다. 어떻게 하든지 딴소리를 하는 경우가 많다. 고등학교라고 해서 다르지 않는다. 이럴 때 어떻게 하겠는가? 임 선생님의 경우에 학생들에게 기회를 주고, 이해시키는 과정을 거친 후에 교사가 대답을 한다. 마지막에 선택한 자신의 딜레마 해결 방법이다. 이런 태도에는 기다리지 못하는 상황이 전제되어 있다. 진도를 나가야 하는데, 학습자들이 배움으로 들어오지 않고, 개념 이해를 하지 못하는 경우일 수도 있다. 그리고 교사가 아이들을 신뢰하는데, 어려움을 겪고 있는 과정일 수도 있고, 아이들과 배움의 관계가 패턴으로 나타난 것일 수도 있다. 여러 가지 가능성이 있다.

교사의 질문 의도에서 학생들의 답변이 벗어날 때, 교사가 아이들을 대하는 마음 자세는 인정이다. 그리고 교사의 질문에 대한 답변에서 벗어나는 아이들에게 스스로를 성찰할 수 있는 여백의 시간을 주는 것이다. 자기 스스로에게 무엇이 틀렸는지를 살펴볼 수 있는 질문의 허용 시간이 있어야 한다. 묵살과 무시, 거절의 상처는 성인이 되어도 변화하지 않고 고착화될 가능성이 높다. 교사의 질문이 추상적 질문에서 사실적 질문으로 구체화될 때 질문은 보다 명료해진다. 질문에서 무엇을 이해할 수 없었는지 학생에게 다시 질문을 해야 한다. 그리고 아이들을 수업 친구로 생각하고 그들을 수업의 든든한 후원자로 생각하라. 아이들이 친구를 도와서 개념을 자신들의 언어로 이해시킬 수 있을 것이다. 수업에서 나를 내려놓으면 아이들이 나의 빈틈을 채워 갈 것이다.

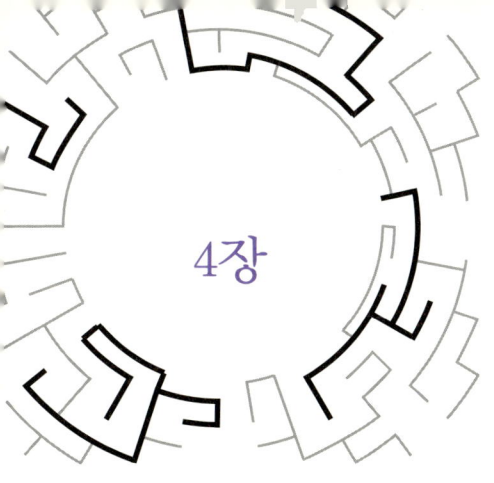

4장 수업의 규범을 어떻게 세울 것인가?

수업을 방해하는 아이들.

교사의 말을 가로막고 자신들의 이야기를 거리낌 없이 하는 아이들.

수업의 주제와 상관없는 이야기를 해서 교실을 난장판으로 만들어 놓는 아이들.

친구의 말을 가로채서 비웃는 아이들.

수업 시간에 왜 질문을 하느냐며 친구를 괴롭히는 아이들.

한 순간 방심하면 봇물 터지듯 방종의 끝을 달리는 아이들.

이 아이들을 보면 마음이 어렵다.

그래서 나는 딜레마에 빠진다.

엄한 경계 짓기와 존중하고 배려하는 수업 사이에서 날마다 외줄 타기를 한다.

학교에 관습처럼 내려오는 명언, 3월에는 유격 조교의 엄격한

모습. 3월에 세게 보여야 1년 수업 농사를 잘 짓는다는 신념 아닌 신념을 수용해야 하는지 고민이다. 그리고 12월에는 부드러운 선생님으로 옷을 갈아입는 것이 맞는 것일까?

 수업에 들어갈 때마다 센 선생님이 되어야 아이들이 만만하게 보지 않는다는 두려움과 언제나 맞서 싸운다.

교사가 말하는데, 계속 끼어드는 아이가 있는 경우

'이 고민' 선생님은 태현이가 있는 반에 들어가려면 마음이 두렵다. 오늘은 태현이가 어떻게 수업 시간에 나올지 두려운 것이다. 수업 시간 맨 뒤에 앉아서 이상한 소리를 내거나, 수업을 하다보면 말도 안 되는 소리로 수업을 방해하는 경우가 있다. 아이들은 태현이의 추임새에 이내 까르르 웃는 경우도 많다. 다시 수업으로 돌아오려면 시간이 걸려서 수업의 맥이 끊어진다. 선생님은 준비한 수업을 해야 하는데, 태현이가 불쑥 끼어들어 수업의 맥이 끊기는 것이 불편하다. 다른 아이들도 함께 동요돼서 시끄러운 수업이 될까봐 두려운 것이다. 단호하게 수업의 규범을 세워야 하는지 아니면 아이의 입장을 고려하여 수용을 해야 하는지 딜레마에 빠졌다. 이럴 때 수업의 규범을 어떻게 세워야 하는지 고민이 많다.

명령의 언어는 관계를 깨뜨린다

교실에서 점차 이런 행동을 하는 경우가 많아지는 추세입니다. 잠시 멈추어 학생의 눈을 보며 "지금 이런 경우는 말을 하면 선생님의 수업 진행에 방해가 된다."고 말을 해주지요. 교직 경력 20년 이전에는 "그만해!"라고 제지를 더 많이 했어요. 감정도 단호하게 표현해야 한다는 생각이 들어 엄하게 대했지요. 그 대신 수업 밖에서 먼저 와서 말을 거는 경우는 드물더군요.

김○○ 선생님(중학교 도덕)

교사의 가르침을 막고 끼어드는 경우 수업을 방해하는 것으로 간주해서 '하지 말라' 명령을 내린다. '그만해!'의 의미는 '네가 지금 하는 행동은 문제'라는 것이다. 학교에서는 날마다 거의 게임이 벌어진다. 유치원에서 고등학교에 이르기까지, 모두 이 게임에 참가한다. 게임에 참여자는 몇 명이든 상관없다. 딱히 정해진 규칙도 없다. 게임은 무의식적으로 진행되는 경우가 많아서 참가자들은 자기 차례에 수를 두거나 전략을 짜면서 미처 그 사실을 알아차리지 못한다. 하루에도 몇 차례 진행되지만 아무도 자신이 게임을 하고 있다는 것을 깨닫지 못한다. 이 게임이 바로 '명령/저항 게임'이다.[1]

예전에 수업을 하다가 자꾸 끼어드는 아이가 있었다. 그래서 행동을 제지하기 위해서 "입 닥쳐!"라고 버럭 화를 내곤 했는데, 사실 몇 번 내봤지만 일시적으로 잠시 멈출 뿐 시간이 지나면 수업 방해 행동이 나타나서, 교실 뒤에 가서 서라고 소리를 냅다 지르고 말았다. 때로는 교실 밖 복도에 세워 두기도 하고, 교무실에 서 있게 하였다. 수업에서 배제한 것이다.

내 수업을 방해하는 아이를 보면 어떻게 저럴 수 있을까 하고 생각을 하던 차에 버럭 화를 내고 수업에서 배제해버렸지만, 그런

---

1. 칙 무어만·낸시 웨버, 『지혜로운 교사는 어떻게 말하는가』, 한문화, 2013, p. 119에서 인용. 이 책에서 저자들은 아이들에게 긍정적인 변화를 이끌어내는 대화의 기술을 상황별로 설명을 하고 있다.

후 복도에서 우연히 만난 그 아이도 나를 아는 척하지 않고 그냥 지나갔다. 나와 그 아이는 '깨어진 관계'가 된 것이다. 그 후로 수업 시간에 그 아이는 잠잠해졌지만 나를 쳐다보는 눈빛이 예전과 달랐다. 분노와 증오의 눈빛이었다. 사실 나는 엄격하게 수업 규범을 적용하기 위해서 '명령'의 언어를 사용하고 수업을 방해하는 학생들을 수업에서 단호히 배제했다. 그런데 아이들은 '저항'의 언어로 답하고 있었다.

비폭력 대화로 수업의 규범 세우기

이런 상황에 접했을 때 교사는 당혹스럽다. 자신이 원했던 상황이 아니기 때문이다. 그렇다면 어떻게 하는 것이 좋을지 조 선생님의 이야기를 들어보자.

> 처음 몇 번은 수긍하며 들어 주지만, 계속 교사의 말에 끼어들면 아예 그 학생 쪽을 바라보지 않고 외면해요. 그런데도 눈치 없이 계속 끼어들면, 수업을 멈추고 'OO이가 이렇게 말하니 선생님의 집중력이 흐트러져서 가르침에 집중하기가 어렵다.'라고 진지하고 단호하게 경고해요. 수업을 마치고 교무실로 불러서, 그러한 태도는 여러 학생들의 수업 몰입에도 방해가 될 수 있음을 이야기합니다. 그런 다음 상식이 풍부한 부분이나 활발하고 적극적인 면이 있음을 인정해 주고, 발언할 기회를 얻어서 대답하여 선생님의 수업을 잘 도와주는 사람이 되어 달라고 부탁합

니다.　　　　　　　　　　조○○ 선생님(중학교 한문)

　조 선생님이 수업의 규범을 세우는 전략은 '수긍과 외면―멈춤―교사의 욕구 표현―긍정성 인정과 요청'이다. 학생을 유심히 관찰하고 있다가 교사의 느낌, 욕구를 표현하고 있다. 그런 후, 교무실에서 대화를 통해서 수업을 방해함으로써 다른 친구들의 수업 몰입을 방해한다는 상태를 알려준다. 그리고 수업에 끼어들려고 한 의도를 긍정적인 측면에서 짚어주고, 수업에서 지켜야 하는 '수업 규칙'을 알려줘서 앞으로 수업에서 질서를 지켜서 교사의 수업을 도와달라는 요청을 한다.
　이러한 방법은 비폭력 대화(NVC)의 변형된 형태라고 할 수 있다. 다음은 비폭력 대화의 원리이다.[2]

비폭력대화의 원리

관찰(↔평가)	그때그때의 상황을 관찰로 "있는 그대로" 보기
느낌(↔생각)	그 상황에서 자신의 느낌을 자각하기
욕구(↔수단)	그 느낌 뒤에 있는 욕구를 발견하기
부탁(↔강요)	상대가 즐거운 마음으로 들을 수 있게 부탁하기

선생님 병오가 선생님이 교과서 내용을 설명하고 있는데 끼어들어서 선생님이 아이들에게 가르치지 못해서 선생님이 많이 불편하구나. 너는 어떻게 생각하니?
학 생 저는 사실 그렇게 하려는 것이 아니었어요. 갑자

---

2. 좋은교사에서 회복적 생활 교육 운동을 펼치고 있는 박숙영 선생님이 정리한 표를 인용한다.

기 생각이 떠올라서요.

선생님 그랬구나. 갑자기 생각이 떠오른 거네.

학 생 네.

선생님 선생님 수업을 듣고 생각이 떠오른 것은 네가 열심히 공부를 하려는 의지를 보인 것 같구나.

학 생 그러게요.

선생님 앞으로 선생님의 설명을 듣다가 갑자기 생각이 떠오르면 집게손가락을 펴서 표시를 해주겠니? 그럼 선생님이 너에게 질문할 기회를 줄게. 그것이 네가 선생님을 도와주는 길이야. 어떠니 도와줄래?

학 생 네.

비폭력 대화는 인격적인 관계를 만들어준다. 서로의 욕구를 확인하고, 공감하는 과정을 거치면서 긴장감을 내려놓고 서로를 진심으로 이해하려는 평화로운 해결 방법이다. 서로의 느낌과 욕구를 확인하는 절차를 통해서 함께 협력하려는 마음 자세를 지니게 된다.

끼어드는 아이의 유형에 따른 접근

끼어드는 아이로 인해, 긍정적인 수업의 분위기(활기차고, 호기심이 존중받는 분위기)가 될 때는 자연스럽게 수업의 내용 안으로 그 아이를 이끌지만, 부정적이고 수업의 흐름과 맞지 않게 방해할 때는 그 아이의 예상을 넘어서, 진지하게 교사인 내가 생각하는 수업에 대해 설명해주고, 끼어드는 아이로 인해 지금 여기의 수업이 어떻게 되었는지를 안내해주며 규범을 세워 줍니다. "이 수업 시간은 정말 정교하고 복잡한, 그리고 많은 준비와 애정이 들어간 세밀한 과정인데, 네가 지금 수업의 흐름을 끊고, 수업과 상관없이 끼어듦으로서, 마치 반도체 안에 먼지가 들어가면 쓸 수 없게 되듯이, 수업 전체의 흐름 속에서 배우게 될 내용이 사라지지요. 이것은 수업을 준비한 선생님뿐만 아니라, 이곳의 모두에게 큰 피해가 되는 일이지요."

박○○ 선생님(중학교 기술가정)

끼어드는 아이의 유형에 따라서 교사의 대응 방법이 다르다. 먼저 긍정적인 수업 분위기를 이끌어내는 끼어들기에 대해서 박 선생님은 적극적으로 수업에 활용하는 수용적인 자세를 보여주고 있다. 하지만 수업의 흐름을 방해하는 부정적인 성향을 보일 경우에는 바로 그 자리에서 수업의 의미를 설명해주고 교사의 욕구를 진지하게 친절하게 허심탄회하게 설명해준다. 애정이 들어간 수업이고, 매우 정교하게 디자인된 일정한 흐름이 있는 수업을 방해하는 것은 선생님뿐만 아니라 모두에게 피해가 되는 것이다. 이렇게 교사가 명료하게 자신의 욕구를 표현하는 훈련이 필요하다.

다른 관점에서 끼어드는 아이들의 욕구를 관찰할 필요가 있다. 임 선생님의 이야기를 들어보자.

종종 그런 아이들이 있어요. 그런 아이일수록 선생님과

학생들로부터 주목받는 것을 좋아하고, 억누를수록 더한다는 느낌을 받았지요. 그래서 웬만하면 통제하지 않고 그 아이가 뭔가를 잘할 때 좀 더 칭찬과 찬사를 해주려고 노력했어요. 너무 심하게 방해가 될 때는 따로 불러서 그렇게 하면 선생님께 방해가 된다고 조곤조곤 설명해주지요. 그렇게 하는 아이들이 대부분 그게 왜 어떻게 잘못되었는지 모르고 있었기 때문입니다. 그랬더니 수업을 진행하는 것이 한결 편해졌어요.

임○○ 선생님(중학교 영어)

아이들은 무엇 때문에 수업에서 끼어들까? 그 아이들의 특성을 긍정적인 측면에서 살펴보자. 아이들의 욕구 부분이다. 아이들은 수업에서 '나도 있어요!'라는 존재 의식을 나타내고 싶은 욕구가 있다. 이때 통제를 하면 아이들은 끓는 냄비의 뚜껑을 닫는 결과를 초래한다. 칭찬으로 김을 빼줘야 하다. 자신의 존재와 자신이 잘하는 것을 인정받고 싶은 욕구가 아이에게 있다는 것을 교사가 알아차려야 한다. 수업 시간에 선생님의 설명에 감초처럼 생기를 돋는 아이들의 끼어들기는 수업의 활기를 되찾아줄 수 있다. 그러나 지나침은 모자람보다 못하는 법이다. 수업에 공공성이 있다는 것을 알려줘야 한다.

아이들과 수업의 공공성을 공유하자

수업의 흐름상 중간에 끼어드는 아이는 교사에게 불편한

존재이지요. 하지만 그 아이 입장에서는 배움의 욕구에 대한 발산, 수업 내용에 대한 자신의 느낌 혹은 생각의 표현일 수 있어요. 교사가 수업의 진도에 집중한 나머지 학생의 이러한 표현을 끼어드는 것이라고 오해할 수도 있답니다. 학생이 수업 중에 끼어드는 말도 때로는 경청해보면, 유의미한 지점이 있을 때도 있지요. 교사의 수용선을 어느 정도 넓히는 것도 필요하지요. 하지만, 수업 진행에 방해가 될 정도라면, 멈추게 해야 할 것입니다. 그 학생에게 끼어드는 행위로 수업이 계속 중단되고, 이를 통해 다른 학생들이 배울 권리를 침해받고 있는 상황인 것을 말하면서 수업의 공공성에 대해 인식시켜 주는 것이 좋지요.

김○○ 선생님(중학교 사회)

김 선생님은 아이들의 입장을 고려해서 수업 시간에 끼어들기의 의미를 새롭게 생각할 필요가 있다고 이야기한다. 학생이 수업 중에 끼어드는 내용을 경청하다 보면 의미 있는 지점이 있기 때문에 그 의도를 관찰해야 한다. 교사의 수용선을 확장하는 태도가 있어야 아이들의 끼어들기의 의미를 알아차릴 수 있는 것이다. 그러나 끼어들기가 지나칠 때는 수업의 공공성을 지켜야 한다.[3]

공공성이란 한 개인이나 단체가 아닌 일반 사회 구성원 전체에 두루 관련되는 성질을 말한다. 그러므로 수업의 공공성은 수업 행

---

3. 덕양중학교는 수업 협약식을 매년 3월초에 실시하여 학생들과 교사들이 지켜야 하는 수업의 공공성을 명문화해서 지키고 있다.

위에 관련된 모든 학습 구성원에게 영향을 미치는 규범이다. 수업 시간에는 누구나 배울 권리가 있는데, 이것은 침해받아서는 안 되고 존중받아야 한다. 개인의 욕구가 공동체를 파괴해서는 안 된다. 그러므로 수업 규칙을 정하는 것이 누구나 평화롭게 수업에 참여할 수 있어야 한다는 것을 지속적으로 일관성 있게 교육해야 한다. 이러한 수업 공공성을 교육하기 위해 수업을 방해하는 아이와 개인적인 규칙을 정하는 방법도 있다.

> 수업에 미치는 악영향을 학생도 인정하고, 교사의 마음이 전달되었다면 다음 수업부터 어떻게 하는 것이 좋을 지 함께 의논하여 이 학생과만 개인적인 규칙을 정합니다. 예) "네가 끼어들면 내가(교사) 사인(신호 눈짓 등)을 할게. 일단 멈춰. 말하고 싶을 땐 꼭 먼저 손을 들어서 샘이 허락하면 말하도록 해라. 지켜지지 않으면 교실 뒤에 나가 서서 10분간 말하지 않고, 왜 나가게 되었는지 반성하는 거다. 이 정도는 약속할 수 있니?"
>
> 김○○ 선생님(중학교 국어)

김 선생님은 개별적인 접촉을 해서 아이와 개인적인 수업 규칙을 정하고 있다. 물론 교사의 마음이 아이에게 전달되어야 한다. 교사가 학생을 돕고 싶은 마음이 있고, 아이가 자신을 조절하지 못하는 경우에 선생님과의 약속을 상기 시켜서 수업 방해 요인을 줄이려는 시도인 것이다. 규칙은 단순하고 명료해야 한다. 복잡하고 엄격한 수업 규칙은 오히려 학생들과 불편한 관계를 만들어

놓을 뿐이다. 그리고 단계적인 조치를 마련해 두고 학생에게 알려주는 것도 필요하다. 그래야 그 아이 자신의 행동이 어디까지 수용될 수 있고, 어디부터는 받아들여질 수 없다는 '자기 경계'[4]가 생기기 때문이다. 그리고 지킬 수 있는 규칙의 수위 조절을 교사가 할 수 있어야 한다. 물론 수업 규칙을 일관성 있게 지켜내려는 교사의 관심과 신념은 수업의 규범을 세우는 데 필요충분조건이다. 수업 규칙이 수업 문화로 정착되면 교사도 아이들도 평화로운 상태에서 배움을 즐길 수 있다.

덴마크에서 초등학교, 중학교, 고등학교, 그리고 대학교 수업을 보면서 내가 느낀 것은 수업의 방법이나 수업의 기술이 아니었다. 그것은 일관된 수업 문화였다. 아이들은 선생님이 이야기를 한 후 질문을 한다. 끼어들지 않는다. 교사는 질문 시간을 아이들에게 준다. 빠르게 손을 들고 질문하기보단 '충분한 시간'을 두고 질문을 하도록 한다. 속전속결, 선착순의 질문이 아니라 충분한 생각을 할 수 있도록 질문의 여백을 두게 한다. 그래서 아이들은 그 시간에 질문을 한다. 질문 시간은 꼭 정해져 있지 않다. 덴마크의 어느 선생님이 이렇게 말했던 것을 기억한다.

"이미 잠재적으로 아이들과 교사는 무언의 약속을 한 상태입니다. 선생님이 설명을 한 후에는 여러분에게 질문을 받습니다. 이 수업은 질문이 존재하는 수업입니다."

이와 같은 수업 규칙이 초·중·고·대학에서 일관성 있게 수

---

4. '자기 경계'는 자신의 마음을 지키고 조정할 수 있는 마음 자세를 지칭한다.

업 문화로 정착이 되어있기 때문에 다른 사람의 이야기에 끼어들지 않는 것이 문화이다. 다른 사람들이 이야기를 들어주는 문화가 사회적으로 뿌리 깊게 정착되어 있다. 학교에서 배운 것이 사회에서 바로 적용되기 때문에 아이들은 배운 대로 살아가면 되는 것이다.

운동 경기가 재밌는 것은 규칙이 있기 때문이다. 나는 야구 경기를 좋아한다. 사실 야구 경기는 보통 3시간이 넘는다. 생각해보면 가장 시간이 긴 경기이다. 시작 시간은 있지만 끝나는 시간은 정해지지 않는 경기. 결판이 나야 경기는 종료된다. 그런데 재밌는 것은 그 경기 속에 숨어 있는 작은 규칙 때문이다. 그리고 그것은 문화로 정착되어 있다.

나는 학기 초 학생들에게 모둠 수업에 관해서 설명하면서 모둠원이 지켜야 할 사항들을 '수업에서 나 약속'으로 만들어서 한 명씩 자기 이름을 적게 하고 읽는 시간을 갖는다. 그리고 모둠의 장(長)으로 자원한 친구들도 '모둠 장으로서 지켜야 할 약속'을 친구들이 있는 데서 읽게 한다. 교사인 나도 학생들과의 약속을 읽어준다.

"여러분을 사람 대 사람으로 만나겠습니다. 여러분의 이름을 불러주겠습니다. 수업에 흥미와 재미를 느낄 수 있도록 준비를 하겠습니다. 그리고 질문을 하면 기다리겠습니다."

물론 아이들이 언제나 이 약속을 지킨 것은 아니다. 하지만 아이들은 언제나 약속을 실천하려고 노력하는 모습을 보여주었다.

그리고 아이들에게 "다른 사람들이 발표를 할 때는 귀 기울여 주십시오. 나의 욕구가 공동체를 파괴하지 않도록 '자기 경계'를 세워주면 좋겠습니다. 수업 시간이 평화로운 공동체가 될 수 있도록 저도 관심을 갖고 지속적으로 관찰을 하고 돌보겠습니다. 여러분도 각자의 자리에서 머물면서 배려와 협력이 있는 배움을 만들었으면 좋겠습니다."라는 메시지를 계속해서 전했다.

결국 수업 규칙의 핵심은 교사가 수업 문화를 얼마나 지속성 있게 만들어 가려는 신념이 있는가에 달려 있다. 교사와 아이들이 함께 평화로운 학습 공동체를 만들려는 의지가 있는가? 이 작은 운동에 아이들을 협력자로 생각하고 있는가? 아이들을 내 수업의 친구로 초대할 마음 자세가 준비되어 있는가? 나는 아이들을 건강한 한 인격체로 만날 수 있는가? 내가 아이들을 불신하면 아이들은 어느새 경계를 넘어서 저항과 방종으로 나를 대한다. 그러나 내가 아이들을 믿어주면 아이들은 나를 신뢰하고 따른다. '나는 아이들에게 부드럽게 친절하게 그리고 허심탄회하게 다가서려고 하는가?' 언제나 이 질문을 던지면서 수업을 열고 들어간다.

수업의 주제와 관련 없는 이야기를 하는 경우

그때 승호가 "선생님 오늘 점심시간에 경도해요?"라고 묻자마자 뒤쪽 사물함 위에 앉아있던 태현이가 큰 소리로 외쳤다.
"경도! 경도! 경도! 경도!"
나는 그 말을 무시하고 다른 아이들의 질문을 받았다.
"선생님~ 점심시간에 경도해요?"
"경도 안합니다."
"왜요~?"
"지금 이런 상태로 무슨 말을 하는 거야! 수업 시간인데. 수업 시간인데 지금 이렇게 앉아 있는 게 무슨 태도야. 자리로 들어가세요! 이게 지금 바른 태도입니까! 빨리 들어가서 미술 하세요. 지금 이런 자세로 앉아서 경도 경도하면 선생님이 무슨 생각할 거 같아! 생각해봐, 태현아."
나의 언성이 점점 높아지기 시작했다.
"지금 무슨 시간이야! 무슨 시간이야, 태현아. 지금 미술 시간인데 여기 앉아서 경도하자고 얘기하면 어떻게 하냐!"
"선생님, 경도하기 싫어요"
다른 아이가 내 옆에서 또 질문을 했다. 나는 그 아이를 보며 대답하고 다시 교실 앞으로 왔다.
태현이가 분명 잘못한 부분도 있지만, 한마디쯤 '오늘은 경도하기 힘들고 다음에 하자.'라고 얘기했으면 얼마나 좋았을까. 무엇이 나를 그리도 짜증나게 했을까? 동영상을 보면서, 태현이를 혼내는 나의 말투에서 여유가 없이

　　무언가에 정신없이 쫓기는 내가 보였다. 어찌 보면 태현이는 나에게 경도를 하자는 제안을 한 거였는데, 나는 태현이가 그 말을 수업 시간에 했다는 이유만으로 태현이를 처음부터 수업에서 배제하고 일방적인 폭언을 쏟아 붓고 다른 아이들과 수업을 하려하고 있었다.
　　　　　　　　　임○○ 선생님(초등학교) 수업 성찰 일지 중에서

　임 선생님은 나와 함께 수업 나눔을 했다. 위 글은 임 선생님의 미술 수업 성찰 일지 일부분을 발췌한 것이다.
　임 선생님은 교직 4년차 초등학교 교사다. 전교생 50명 6학급의 아담한 시골 학교에서 근무했을 때는 적게는 8명, 많게는 13명의 학생들을 가르쳤었다. 교사 수가 적어서 큰 학교 부장들이 맡을만 한 업무들을 맡아서 추진하는 것이 조금 버겁긴 했지만 아이들 때문에 힘들었던 적은 별로 없었던 것 같다고 이야기한다.
　하지만 2012년 전주로 발령이 나면서 3학년 30명의 아이들을 맡게 되고 나서는 매일 매일 정말 전쟁을 치르고 있다. 3월에만 해도 교사의 눈치를 보며 말을 잘 듣던 아이들이 4~5월을 지나 점점 풀어지기 시작하더니 6월 수업 시간에 여기저기서 수군거리는 목소리가 들리고 고개를 숙이는 아이들이 점점 많아지기 시작했다. 학급의 규모가 커짐에 따라서 생기는 구조적인 딜레마를 겪게 된 것이다. 작은 학교에서는 아이들과 관계를 잘 맺으며 수업의 규범을 세우며 행복한 나날을 보내던 교사가 다수의 학생을 대상으로 수업을 하면서 생기는 어려움이다.

이런 상황은 현재 어느 학교를 가든지 보편적인 모습이 아닐까. 이럴 때 수업에서 어려움을 겪는 교사의 내면은 날마다 무너져간다. 자신을 추슬러 볼 새도 없이 절망의 골짜기에 서 있다. 임 선생님이 그랬다. 하루하루의 생활이 견뎌내기에는 너무 버거웠다. 수업을 힘들게 하는 아이들이 몇 명 있었다. 그중에 한 명이 태현이었다.

임 선생님은 미술 수업에서 주제와 관련 없이 '경도'를 외친 태현이에게 처음부터 배제를 선택하였다. 임 선생님도 수업 성찰 일지에서 밝혔듯이 '경도'를 하자는 태현의 제안을 무시로 일관했다. 그리고 학생의 태도에 대해서 나무라기 시작했다. 미술 시간에 경도를 하는 것은 안 된다고 '설명'이 아니라 '명령'을 하고 있었던 것이다.

"지금 무슨 시간이야! 무슨 시간이야, 태현아." 이 말은 이미 태현이가 알고 있는 사항이다. 이미 알고 있는 사항을 확인하는 것은 태현이에게 오히려 반항과 저항감만 일으킬 뿐이다. 태현이가 '경도'를 하고 싶은 이유를 질문했어야 한다. 그리고 명료하게 태현이의 욕구를 알아차리고 지금 그 요청을 받아들일 수 있는 상황인지 태현이에게 선택하게 해야 했다. 교사가 학생의 행동을 제지하는 것이 아니라 학생 스스로 자신의 행동을 선택하게 함으로써 존중의 느낌을 받게 하고 행동에 대한 자기 책임을 강화하는 방향으로 이야기를 하는 것이 바람직하다. 이렇게 해결하지 못했을 때 벌어진 다음 상황을 보자.

이후로도 태현이는 계속해서 나를 쫓아다니며 2시간 내내 경도를 하자고 졸라댔다. 내 실내화 뒤를 발로 밟으며 포기하지 않고 쫓아다녔다. 그러면 그럴수록 짜증이 났고 태현이에게 이제 제발 그만하라고 그렇게 말해도 태현이는 듣지 않았다. '절대 선생님은 부탁을 들어주지 않을 거'라고 얘기했다. 결국 그렇게 실랑이를 하다가 2시간이 지나고, 나는 녹초가 되고 말았다. 내가 자기의 부탁을 계속해서 거절하자 태현이도 실망감이 잔뜩 쌓였는지 점심을 집에 가서 먹겠다고 했다. 또한 5교시 수업도 빠지겠다고 얘기했다. 나는 아버님께 허락을 받지 않으면 절대로 집에 갈 수 없다고 얘기하고 겨우겨우 수업을 마무리하였다.

교사와 학생 사이에 팽팽한 '힘겨루기' 한판이 벌어진 것이다. 이 상황에서 교사와 학생이 모두 상처를 입었다. 아이의 감정을 읽어주지 못하고, 아이의 요청을 알아차리지 못하고 기싸움을 한 것이다. 이렇게 되면 교사도 아이로 인한 생채기가 나서 트라우마로 자리를 잡을 것이고, 자신의 부탁을 거절당한 아이 또한 거절의 아픔을 갖고 살아가게 될 것이다. 거절과 배제의 상처를 갖게 되면 관계적인 측면에서 소극적으로 될 수 있고, 다른 사람들에 대한 불신과 저항심을 심게 해줄 수 있다. 이런 상황에서 교사는 어떻게 딜레마 상황을 해결해 나갈 수 있을까?

감정 코칭

이런 사례들의 경우 대개 이 학생들은 산만하거나 부정적인 성향을 지니고 있다.[5] 하루아침에 이런 성향이 형성된 것이 아니기에 교사 또한 하루아침에 이것을 고치려는 지나친 기대와 욕심은 내려놓고 현실적인 해결책을 마련하는 게 서로에게 좋다. 감정적으로 훈계하고 비난하면 학생은 그 말과 행동을 교정하지 않는다. 이런 말과 행동을 하는 학생들은 한 번만이 아니고 매번 이런 행동을 보이기에 교사는 짜증과 화가 올라와서 말을 하면 오히려 서로의 관계만 나빠지고 그런 행동을 더 할 수 있다. 그렇기에 일단은 감정을 가라앉히고 그 학생이 한 행동과 말을 거울로 보여주듯이 있는 그대로 기술해준다.

예를 들면 "○○이가 ~라고 이야기를 하고 있네." 누가 봐도 객관적으로 보이는 모습만을 거울처럼 보여주는 기술을 해줄 경우 아이는 "왜 저만 갖고 그래요."라든지 "저 안 그랬는데요."라는 반항적이거나 회피하는 모습을 덜 보인다. 좀 더 여유가 있다면 관찰한 행동에 대해 객관적으로 기술해주면서 교사의 진심까지 덧붙여 주면 좋다. "태현이가 미술 시간에 경도하는 모습을 보니, 경도가 매우 하고 싶구나. 선생님도 태현이가 하고 싶은 마음은 알아요. 그런데 지금은 미술 시간이잖아. 점심시간에 하는 것이 어떨까? 선생님이 시간을 내줄 수 있어요. 선생님도 태현이를 도

---

5. 박준영 선생님은 감정 코칭에 탁월한 분이다. 이 부분은 선생님의 이야기를 인용한다.

와주려는 마음은 간절한데 좀 아쉽네."라고 말해주는 것이다. 그러면 태현이에게 "너는 왜 그 모양이니!"라고 전달되는 것이 아니라 선생님이 수업을 통해 추구하는 가치와 자세에 대한 진심이 전달되기에 아이도 자신의 모습을 조금은 돌아볼 수 있는 여유가 생기고 교사도 아이의 존재 자체에 대한 거부감이나 짜증보다는 자신이 원하는 수업에 대해서 더 생각하고 강조하게 될 것이며 다른 학생들도 교사가 짜증이나 화부터 내면 반 분위기가 좋아지지 않는데 교사가 추구하는 수업에 대해서 다시 생각해 보게 되고 감정을 절제하고 말을 하는 법도 배우게 될 것이다.

이런 실천에서 일관성과 진정성이 매우 중요하다. 몇 번만 이런 해결 방법을 쓰는 것이 아니라 일관되게 해간다면 아이도 자신의 모습을 돌아보며 올바른 행동으로 좀 느리더라도 변화해갈 것이다. 교사가 아이의 문제라고 여겨지는 행동을 보고 인격을 문제 삼지 않고 행동만을 보고 그것이 더 좋은 쪽으로 변화되길 바라고, 함께 만들어가는 수업을 위해 규칙을 꾸준히 지켜가길 바라는 마음에서 우러나온 진정성을 가지고 대한다면 아이들에게 그런 마음이 전달되는 것을 본다. 그것이 단 시간 내에 이뤄지지 않지만, 인내심을 가지고 일관성과 진정성 있게 대하면 아이들은 긍정적인 변화를 보이고, 교사도 관계에 대한 희망을 보게 된다. 서로 적응하며 규범을 지켜가는 과정이 힘들지만 1학기에는 힘들어도 2학기가 되면 관계 형성이 되면서 좀 더 수월한 것을 경험하게 되며 뿌듯함을 느끼게 되는 것이다.

아이의 예상을 뛰어넘는 교사의 수용

그렇다면 수업 시간에 주제와 다른 질문을 하는 아이를 긍정적으로 바라보는 해결책은 없을까?

> 한두 번이 아닌, 매 수업마다 관련 없는 이야기를 하는 아이의 경우, 계속 "하지마!"라는 이야기에 익숙해져 있을 수 있기에, 그 아이의 예상을 넘어서, 수업에 대한 내용을 잘 파악한 교사가 수업의 주제와 관련 없어 보이는 아이의 이야기 속에, 수업과 연결된 작은 지점을 인내심을 가지고 발견해, 수업의 주제와 연결시켜요. 그때 아이는 "억지스럽다"라고 이야기 하겠지만, 이 과정을 한 번이라도 경험하면, 수업의 주제와 본인의 이야기가 연결되는 경험을 통해 수업의 주제에 들어오는 것이 의미 있다는 것을 알게 되고, 그 후에 점점 규범을 세울 수 있게 됩니다.
>
> 박○○ 선생님(중학교 기술가정)

수업 시간에 딴 이야기를 하는 아이들의 경우에 대개 교사의 제지를 받은 경험들이 있다. 그렇게 하는 이유는 자신의 존재감을 드러내려고 하는 시도이고, 다른 하나는 교사의 감정을 건드려서 화를 돋우려는 불순한 의도가 담긴 경우가 많다. 교사의 감정 폭발을 보고 즐기는 것이다. "하지마!"의 명령을 기다리고 있는 아이에게 교사는 그 아이의 예상을 뛰어넘는 포용으로 다가서는 것이다.

지금 나의 수업 시간에 외치는 너의 소리는 의미가 있다는 '공명'을 해줄 필요가 있다. '명령' 아닌 '인정'으로 "효수가 지금 매우 질문을 하고 싶었구나. 선생님이 효수가 한 질문을 오늘 수업 주제와 연결을 지어 볼게요." 교사가 아이를 수업에서 내치지 않고, 수용하려는 자세를 적극적으로 보이고, 아이는 이러한 상황을 경험해보면서 자기 성찰을 통해서 수업으로 들어오는 길을 찾을 수 있다. 이렇게 되려면 교사의 마음 썩는 일이 한두 번이 아닐 것이다. 그래서 옛말에 선생님 똥은 개도 안 먹는다고 말을 이제 좀 이해할 것 같다. 얼마나 노심초사하고 애간장을 녹였는지 속이 다 타 버린 경우이다. 그런데 나는 요즘 생각해본다. 내가 과연 수업 시간에 아이들을 위하여 노심초사하며 안타깝게 아이들을 바라보며 도우려고 한 적이 있었던가 자기 성찰을 하게 된다.

이런 생각을 해보니 수업에서 유난히도 딴 이야기를 해서 선생님을 괴롭히고 아이들에게 따돌림을 받았던 아이가 수업 밖에서 만남을 통해 수업으로 돌아온 경험이 있다. 지금부터 그 이야기를 하련다.[6]

나의 마음 한 쪽에 남아 있는 아이가 있다. 3학년 담임을 하고 있을 때다. 학기 초라 낯설고 긴장감이 엄습할 때인데, 한 아이가 분위기도 아랑곳하지 않고 수업이 끝나기 무섭게 나에게 달려오는 것이다. 그리고 다짜고짜 질문을 한다. "샘, 질문이요. 창의적인 인간이란 어떤 인간인지 말해보세요?"

---

6. 크리스천 채너티 2012년 8월호에 실었던 내용을 다시 인용한다.

난데없는 질문을 받은 나는 어안이 벙벙했다.

"네가 한 번 대답해봐!" 곤란함을 피하기 위해서 질문을 되 던졌다.

"현재 우리나라 교육 현실에서는 불가능한 것이 아닙니까? 선생님들이 창의적이지 못해요!" 이런 맹랑한 아이가 어디 있는가. 대뜸 이렇게 자문자답을 해버리곤 사라진다. 한나와 만남이 이렇게 시작되었다.[7]

한나는 그렇게 쉬는 시간이면 내 자리에 와서 서 있다가 이런저런 이야기를 혼잣말처럼 하고 사라졌다. '도대체 이 녀석이 어떤 아이인데 이 모양이지.' 참다못해서 2학년 때 담임을 찾아가 물었다. 그 선생님 말씀도 가관이었다. "겪어보면 아실 겁니다. 이 선생님이 담임을 맡아서 안심입니다."

한나와의 대면은 어떻게 하든 피하고 싶은 자리였다. 나도 뭔가 살아날 길을 찾고자 수업이 끝나면 3학년 교무실에 곧장 들어가지 않고 휘 둘러보고 들어가는 습관이 생겼다. 한나가 내 자리에 서 있으면 화장실로 갔다.

그렇지만 이것도 온전한 해결책은 못돼서 한나에게 다른 선생님을 소개해줬다. 아니, 떠넘겼다. "한나야, 저기 있는 미술 선생님 있잖니. 굉장히 창의력이 높은 분이야. 한번 가서 물어보렴. 너랑 잘 맞을 것 같은데…." 한나는 쏜살같이 미술 선생님 옆에 자리를 차지하고 섰다. 그리고 미술 선생님과 대화를 한다. 대화는 몇

---

7. 한나는 가명임을 밝힌다.

시간 동안 계속되었다. 하루 종일 한나와 대화를 한 미술 선생님은 손사래를 치면서 이제 그만 좀 오라고 했다.

한 번이라도 한나를 만난 선생님은 빠져 나갈 구멍이 없었다. 한나는 자기가 옳다고 생각하면 반드시 한다. 그리고 자신의 이야기 상대가 안되면 바로 포기한다. 소위 '한나 블랙리스트'에 들어간다. 그 목록에 들어가는 순간 창의적이지 못한 교사가 되는 것이다. 우리 교무실은 그렇게 열병을 앓았다. 물론 버릇없다면서 화를 내는 선생님도 계셨다. 그리고 자리를 피하는 분도 있었다. 그렇게 우리 반 한나는 고3 교무실을 휘젓고 다니면서 유명 인사가 되었다.

어느 날 한나로부터 메일이 한 통 왔다. 〈교육과학기술부 장관에게 고한다〉라는 제목의 글이었다. 순간 뭔가 예감이 좋지 않았다. '사고가 난 것이구나.' 메일을 열어 봤다. 한국 교육의 문제점을 아주 예리하게 짚어낸 열 쪽짜리 에세이였다. "아니, 이런 글재주가 있었구나." 순간 놀라면서도 불안감이 몰려왔다.

내심 어떻게 이야기를 꺼낼까 고민을 하고 출근을 하였는데, 아이는 당당하게 "쌤, 저요, 어제 교과부 장관에게 메일을 보냈어요." 말하는 것이다. 한나는 해맑게 웃으면서 이야기를 한다. '뭐 이런 녀석이 있나' 화를 다스리면서 깊은 생각에 잠겼다.

그리고 한나 어머니에게 전화를 했다. 이런저런 이야기 끝에 한나가 글을 쓴 이야기를 했다. 한나 어머니는 죄송하다는 말을 연신하면서 전화를 끝마치셨다. 내가 괜히 전화를 했나 싶었지만 자기 보호 본능적인 습관에서 나온 것이다.

다음 날 한나는 교무실로 찾아왔다. 그리고 나를 보더니 "샘, 죄송해요. 엄마가 저한테 '네가 그렇게 쓰면 선생님 잘린다'고 하셨어요. 저는 그런 것이 아니었는데." 한나는 눈물을 글썽거렸다.

'도대체 내가 이 아이에게 어떤 짓을 한 것일까.' 나에게 미칠지 모르는 조그마한 피해의식 때문에 과도한 짓을 한 것이구나 하는 생각이 먼저 들었다.

"한나야 선생님이 그런 것 가지고 잘리지는 않아. 어머님께서는 네가 한 일이 혹시나 확대될까봐 걱정해서 그런 것이란다. 단지 먼저 선생님한테 알렸다면 더욱 좋지 않았을까 하는 생각이다. 그러면 쌤도 뭔가 도와줄 수 있는 길이 있다고 생각하는데."

한나는 그 순간 눈을 번득이면서 이렇게 말하는 것이었다.

"샘! 그러면, 이제 제가 쓰는 글 보내드릴 테니 읽고 답장해주세요."

나는 뭔가에 엮여 들어가는 듯했다. '뭔가 실수를 했구나!'

이 일이 있은 뒤로 한나는 〈저작권 보호〉라는 제목을 달고 그것도 붉은 글씨로 표시해서 나에게 글을 보냈다. '반드시 이 글은 본인에게 속해 있으며 인용할 때는 출처를 달아야 한다.'는 내용이었다. 어처구니가 없기도 했지만 내가 약속한 것을 지켜야 했기 때문에 나는 보내주는 메일을 열심히 읽고 바탕화면에 한나 폴더를 만들어서 글을 모아뒀다. 그리고 몇 번 답장을 써 주는 모습을 보여줬더니 신났는지 쉴 새 없이 글을 보내왔다. 한나는 메일만 보내는 것이 아니라 문자 메시지도 시도 때도 없이 보냈다. 몇 번은 새벽에 보내기도 했다. 나도 질세라 답장 메시지를 보냈다.

한나는 상처가 많은 아이라는 사실을 어머니와 상담을 하면서 알았다. 조울증이었다. 우울증보다 심각한 것이 조울증이라고 한다. 언제나 구름 위를 걸어가는 심정이라고 한다. 지금까지 일이 이해되었다. 심리 치료니 클리닉을 찾아가봤지만 뾰족한 방법이 없었다고 한다. 한나 어머니는 상담하는 내내 눈물을 보이셨다. 가정의 이야기를 다 하시는 것이다. 아마도 한나 어머니께서도 상처가 많은 것 같았다. 나랑 이야기하면서 그 상처를 풀어버린 것이다. 내가 아이를 이해할 수 있는 소중한 시간이었다. 이런 공감대는 아이를 이해하는 데 좋았다.

어느 날 어느 대학에서 수시 예비 캠프를 연다는 공문이 왔다. 나는 재빠르게 한나를 추천했다. "한나야 너에게 기회가 왔다. 너의 능력을 보여줘라." 한나는 해맑은 모습으로 "네. 뀨뀨쌤" 하고 대답을 했다.

"뀨뀨쌤이 뭐니?"

"제가 붙인 쌤 호칭이에요."

"그래, 그거 재밌네."

한나의 역량은 캠프에서 여지없이 발휘됐는지 캠프에서 우수한 학생 명단에 들어가 있었다. 기회였다. 예비 캠프 우수자 중에서 3등급 과목을 하나만 받으면 합격한다는 것이었다. 기적이 일어난 것이다. 그런데 기적은 이내 사라졌다. 아무리 뒤져봐도 3등급

석차가 나온 것이 없었다. 도대체 그 많은 과목 중에서 3등급이 하나도 없을 수 있단 말인가.

우리가 이야기하는 주요 과목이 아닌 과목에도 '오류도'(5,6등급)나 '칙칙폭폭'(7,8등급)이었다. 난감했다. 그래도 한나에게 한 번 해보자고 이야기를 했지만 결과는 마지막 기말고사에서 영어 과목이 4등급으로 최고였다. 낙망하는 한나의 모습이 눈에 들어왔다. 그런데 한나는 오히려 나를 위로했다.

"뀨뀨쌤 괜찮아요. 그 대학이 세계적인 인재를 몰라봤어요. 언젠가는 후회할 거에요."

"그래 세계를 놀라게 할 아이가 되어서 너의 가치를 보여주렴."

다음 날 또 일이 벌어졌다. 그 대학 총장 앞으로 열 쪽이 넘는 글을 보낸 것이다. 예비 캠프의 문제점과 진정한 참 인재가 무엇인지 증명하라는 것이다. 글을 읽어보니 논리성도 분명했고, 비판적인 대안도 있어서 꽤 괜찮았다. 그렇게라도 하지 않으면 이 아이는 어떻게 될지 모른다. 이렇게 한나와 생활은 모든 순간이 긴장의 연속이었다.

나는 간혹 하나님께 묻는다. "하나님은 왜 저에게 한나를 붙이셨습니까? 하나님 제 십자가가 너무 힘듭니다." 하나님께서는 침묵으로 일관하셨다. 그러니 한나에 대한 기도가 자연스럽게 나올 수밖에 없는 것이다. 한나와 일 년 동안의 생활은 이렇게 롤러코스트를 타는 것과 같았다.

학년이 끝날 무렵 한 통의 메일이 왔다. 제목은 "나의 생명을 살리신 선생님"이었다. 뜬금없는 제목의 메일을 열어보면서 한나의 마음을 알 수 있었다. 그랬구나. 내가 한 아이의 생명을 살린 것이었구나.

"뀨뀨쌤, 감사해요. 제 얘기도 들어주시고, 답장도 해주시고 감사합니다. 쌤이 제 생명을 살리신 것입니다. 뀨뀨쌤은 세계를 놀래줄 아이를 제자로 두신 거예요. 뀨뀨쌤, 대학 교수는 되지 마세요. 왜냐면 대학은 창의적인 곳이 아니잖아요. 그리고 저 같은 창의적인 인재를 일 년 동안 겪으셨으니 뀨뀨쌤도 아이들을 어떻게 가르쳐야 하는지 알 수 있을 겁니다. 그리고 뀨뀨쌤도 수용적인 면은 많이 있지만 보통 인간이어요."

글을 읽으면서 한편으로 기분이 그리 좋은 것은 아니었지만 나를 누구보다도 잘 아는 아이였기 때문에 고마웠다.

교학상장(敎學相長)을 배운 것이다. 나는 아이들의 선생이다. 하지만 아이들도 나의 선생이라는 사실이다. 선생이 어찌 완전한 인간이 될 수 있겠는가. 완전한 인간은 예수님밖에는 없는 것이다. 그래서 주님께서 한나를 나에게 붙여주신 것이다. 한나는 나에게 축복의 아이였다. 말 잘 듣고 공부 잘하지는 못했지만 언제나 고3 학생답지 않게 똑 부러지게 차려입은 교복이며 자신이 이해할 수 없거나 의문이 나는 점이 생기면 시공간을 초월해서 질문 공세를 하는 아이, 자신에게 논리적인 설명을 하면 무엇이든지 쉽게 받아들이지만 비논리적인 윽박지름에는 거침없이 저항했던 아이였다.

선생 노릇을 하다보면 이런저런 아이들을 만난다. 가슴도 타고 욕심도 부려보고 여러 가지 어려운 일도 맞닥뜨린다. 그래서 얻는 소중한 경험은 아이들보다는 나였다. 마치 산꼭대기에서 떨어진 바위 덩어리가 반질반질한 돌멩이가 되듯 아이들은 나를 연마시킨다. 한나는 내 곁에 서서 선생님의 의미를 알려준 소중한 아이였다.

왜 아이들은 수업 주제에서 벗어날까?

아이들이 수업의 주제와 관련이 없는 이야기를 하는 경우 그것은 아이들의 학습 의욕이 부족하거나 학습 과제가 자신들과 맞지 않기 때문일 수 있다.

> 수업의 주제와 전혀 관련 없는 이야기를 하고 있는 경우의 학생은 학습 의욕이 부족하거나, 학습 과제 수준이 안 맞는 상황에서 주로 일어날 수 있지요. 학습 의욕이 부족해서 수업 내용의 흥미도가 매우 낮은 학생들은 협력적 배움의 상황에서 비교적 쉬운 과제를 수행하도록 안내하고, 그 과제를 해결하였을 때 긍정적인 피드백을 많이 함으로써 학습 의욕을 조금씩 높일 필요가 있어요. 학습 과제 수준이 너무 높거나 너무 낮아도 수업 주제와 관련이 없는 이야기들이 많아지는 경향성이 있으므로 적당한 학습 과제를 제시하는 것이 필요해요. 수업 주제와 관련 없는 학생도 수업의 공공성에 대한 생각을 가지도록 지도하

되, 계속 반복되는 학생은 적당한 벌도 필요하지요.

김○○ 선생님(중학교 사회)

　김 선생님은 수업 시간에 주제와 상관없는 이야기를 하는 아이들의 경향성을 살펴보면 학습 의욕이 부족하거나 학습 과제 수준이 높거나 낮은 경우라고 이야기를 한다. 학습 몰입도가 부족한 아이들에게 협력적 배움에서 낮은 수준의 과제를 부여해야 한다. 이렇게 협력적 배움을 이루는 것을 '또래 가르치기'라고 한다.

　배움은 개인화된 배움에서 협력을 기반으로 한 공동체적 배움으로 나아간다.[8] 공동체적 배움에서 동료성은 중요한 핵심 역량이다. 혼자 하는 것이 아니라 함께 하는 가치와 의미를 내재화시키는 것이 중요하다. 이것이 또래 가르치기 수업의 의미다. 또래란 나이와 문화적인 환경이 비슷하여 공감을 이끌어내기 쉬운 공동체다. 교사의 설명은 어렵거나 딱딱해서 학습자들이 이해하기 어려울 수 있지만 또래는 그들의 소통 방식으로 다른 학습자를 이해시키고 설득한다. 1차적인 지식의 유통자일 뿐만 아니라 2차적인 지식의 생산자가 되는 것이다. 비고츠키(Vygotsky)의 근접발달영역에 따르면 혼자 해결 할 수 없는 과제를 자신보다 조금 뛰어난 상대방에 의하여 학습 목표를 도달할 수 있다는 것이다.

　물론 학습자들이 원하면 높은 수준의 과제를 제시하여 배움으로 들어오게 할 수 있다. 이럴 때 사고의 위계를 참고하여 학습 과

---

8. 이규철, 『배움중심 수업』, 경기교육 12호, 2011 재인용.

이탈리아 로마
벨베테레의 토르소

제를 제시하면 된다. '사실적 사고 → 추론적 사고 → 비판적 사고 → 창의적 사고'의 흐름을 고려하여 과제를 제시하면 된다. 예컨대, 위 사진은 이탈리아 로마 바티칸에서 촬영한 토르소[9] 조각이

---

9. 인체의 구간(軀幹), 몸체[胴體]를 뜻하는 이탈리아어에서 연유된 조각 용어이다. 그리스·로마의 유적에서 발굴된 토르소에 조각으로서의 미를 인정한 근대의 조각가들은 토르소에 의하여 인체의 미를 상징하는 것을 알게 되었다. 따라서 현대 조각에서 때때로 볼 수 있는 팔·다리나 목이 없는 몸통의 조각은 미완성 작품이 아니다. 더욱이 토르소의 미를 순수화하기 위하여 목이나 팔·다리를 생략하고 인체미의 상징적인 효과를 얻으려고 하는 것이다. (두산백과사전 인용)

다. 여러 가지 조각 작품을 봤지만 머리에 강렬한 이미지가 남았다. 자, 그럼 이 사진을 보면서 다음 과제를 제시해 보자.

사실적 사고는 '있는 그대로 보기'이다. 자세히 보고 오래 보아야 보인다. 추론적 사고는 '의문을 갖고 생각하기'다. 궁금함은 사물의 본질을 이해하는 지름길이다. 그리고 비판적 사고는 '삐딱하게 비틀어서 생각하기'다. 지적 자극을 촉진하는 작업이다. 그렇다고 부정적인 측면만 생각하는 것이 아니다. 창의적 사고는 다른 것과 '연결 지어서 생각해보기'다. 속성이 비슷한 것을 찾아서 논리적으로 패턴을 발견하고 적용시키는 것이다. 이렇게 사고의 위계에 따라서 단계적으로 과제를 수행하는 과정을 거치면서 학습자의 수준에 맞게 지도할 수 있다.

사고의 위계에 따른 학습 과제

위계	과제
사실적 사고	●이 조각 작품에서 남아 있는 신체는 어느 부분?
추론적 사고	●작가는 어떤 의도를 가지고 이 작품을 만들었을까?
비판적 사고	●이 작품은 미완성 작품인가?
창의적 사고	●나의 삶 속에서 내가 생각하는 가장 핵심적인 가치는 무엇인가?

학생들은 자꾸 벗어나려고 한다. 아이들이 수업에서 집중할 수 있는 시간은 몇 분이 될까? 가만히 자신의 수업 시간을 생각해보자. 나의 경우는 수업에 들어가서 오늘 배울 것을 제시하고, 어떤

흐름으로 갈 것인지를 이야기해준다. 그리고 수업에 대한 동기 유발을 해준다. 대부분 10분이 되면 아이들은 힘들어 하는 모습을 띤다. 그러다가 15분이 넘는 순간에는 자는 아이들이 등장한다. 눈을 깜박깜박하면서 졸음을 참는 것이다. 이렇게 본다면 15분 정도가 아이들에게 배움이 일어나는 실제 시간이다. 수업 시간의 1/3 정도만 아이들이 무엇인가를 배웠다고 이야기한다.

그렇다면 수업 시간에 주제를 벗어난 질문을 하거나 딴 짓을 하는 것은 자연스러운 현상이다. 내 수업을 스스로 성찰해보니 처음부터 산만하게 주제와 다른 이야기를 하지 않는다. 딴 짓으로 변화하는 수업의 기후 변화를 민감하게 알아차려야 한다. 수업 기후가 변화하려면 전조 증상이 일어나는데, 이러한 전조 증상은 기온, 강수, 바람의 변화로 나타난다. 그래서 수업에서 아이들의 얼굴 표정, 아이들의 몸의 움직임, 아이들의 소리를 민감하게 알아차리는 것이 필요하다.

그러므로 아이들이 주제와 상관없는 이야기를 했을 때가 어느 시점인가를 성찰하는 '수업 성찰 일기'를 써보는 것을 권한다.[10]

'수업 성찰 일기'는 교사가 수업에서 어떻게 성장하고 있는지를 알 수 있는 통로이다. 일기의 형식을 빌린 것은 일기가 자기를 성찰하는 도구로 최적화되었기 때문이다. 수업 성찰 일기는 일주일에 한 번 정도 여유로운 시공간에서 쓰도록 한다. 들어갈 내용은 자유로운 형식으로 기술하되, ① 수업 전개, ② 수업 속에서 힘들

---

10. 김태현, 『교사, 수업에서 나를 만나다』, 좋은교사, 2012

었던 점, ③ 수업에서 의미 있었던 지점 등으로 구성한다. 그리고 ④ 학습할 단원, ⑤ 원했던 가르침의 의도를 작성한다. 또한 학생들도 '수업 배움 일기'를 일주일에 한 번씩 쓰는데, ① 수업 전개, ② 수업에서 어려웠던 점, ③ 수업에서 의미 있게 배운 점 등을 작성한다.[11]

---

11. 좋은교사 수업코칭연구소(http://cafe.daum.net/happy-teaching)에서 여러 가지 수업 및 수업 성찰 일기를 볼 수 있다.

다른 학생의 말이나 발표를
가로채거나 야유하는 경우

여학생 A 오늘은 국어의 흐름에 대해서 먼저 고대국어 중세국어 근대국어로 시대 구분을 할 수 있습니다. 중세국어는 훈민정음 창제를 기준으로 전기 중세국어와 후기 중세국어로 나눠집니다. 고대국어는 향찰, 이두, 구결과 같은 차자표기로 기록된 자료가 중요하게 활용됩니다. 우리말을 기록할만한 고유의 표기 수단이 없어 한자를 빌려 썼기 때문이지요.

남학생 A (매우 큰 소리로) 도대체 무슨 소리를 하는 거야. 차자표기는 뭐고, 목소리가 작아서 잘 들리지 않고, 중얼중얼거리는 것이 알 수 없는 소리만 하고 있네. 안 그러냐.

여학생 A (큰 소리로 안타깝게) 애들아. 향찰은 한자의 음과 뜻을 빌려 실질적인 의미를 가진 부분은 뜻을, 조사와 같은 문법적 요소는 음을 빌려 표기하는 것인데. 좀 조용히 해주겠니.

남학생 A (나무라듯이) 뭔 소리를 하는 거야.

여학생 A (슬픈 표정으로) 애들아. 미안해.

국어 시간에 벌어진 상황이다. 나는 학생들에게 자원을 받아서 국어의 흐름을 두 명씩 함께 나와서 하는 발표 수업을 진행했다. 준영이가 발표를 하는 날이었다. 준영이는 마음도 착하고 순둥이

였는데, 말이 어눌한 편이었다. 성실하고 준비는 잘했는데, 앞에 앉은 승호가 대뜸 준영이의 발표를 야유하고 있었다. 아이들은 승호가 야유하는 것을 말리지 않고 오히려 합세를 하고 있었다.

나는 이 상황에서 지난 번 수업이 떠올랐다. 칠섭이가 나와서 '자기 사용설명서' 수업 발표를 하는데 아이들이 너도 나도 나서서 칠섭이의 이야기를 가로채면서 떠들고 야유를 퍼부었다. 그때는 나도 화가 치밀어 올라서 나도 모르게 버럭 화를 냈다. "야, 자식들아 너희가 사람이야. 어떻게 친구가 나와서 발표를 하는데, 야유를 퍼부을 수 있어. 잘 들어야 하는 거 아니냐. 칠섭이가 얼마나 화가 나겠어. 너희가 이 앞에 나왔는데, 칠섭이가 야유하고 이야기를 가로채면 너희 마음이 좋겠어. 떠들은 놈들 모두 손들어." 순간 수업 시간은 싸늘해졌다. 숨소리도 들리지 않을 만큼 조용해졌다. 나만 씩씩거리면서 화를 진정시키고 있었다. 칠섭이도 고개를 푹 숙이고, 이제 더 이상 발표는 하지 않겠다는 표정이 역력했다. 물론 수업은 계속된 잔소리로 이어졌고, 아이들은 훈계를 받고 있었다.

그랬다. 그 순간의 트라우마가 생각났다. 그래서 나는 승호가 하는 야유를 야멸차게 제재하지 못했고, 준영이에게 귓속말로 어려운 것은 그냥 넘겨도 된다고 이야기를 하고 나는 방관자의 모습으로 수업을 진행했다. 시끄럽고 여기저기 야유가 난무한 최악의 수업을 했다. 발표한 준영이도 크게 상처를 입은 듯했다. 물론 야유에 참여하면서 수업 시간을 장악했던 아이들도 이게 뭐냐고 불평불만들이 가득했다. 무엇이 잘못됐을까 생각하면서 여러 가지 면에서 나의 수업을 성찰하게 되었다. 다음 이야기에서 실마리를 찾아보자.

부드럽고 친절한 '안전지대' 설정하기

> 이건 3월 한 달 동안 지속적으로 수업하면서 자주 이야기를 해요. 아직 안 친할 때 이런 행동을 하는 학생이 나타나기 전에 여러 차례 미리 진심으로 잘 이야기하면 아이들이 대체로 따라오지요.
>
> 권○○ 선생님(고등학교 국어)

> 학급의 약자나 왕따 학생이 이런 피해를 입는 경우가 많지요. 수업 규칙 속에 친구를 비하하거나 발표에 대한 판단을 집어넣는 것이 좋아요. 특히 나의 경우는 국어 교사이기에 학년 초기에 국어 수업의 목적 또는 키워드로 '언어로 사랑하기'를 강조하면서 수업 시간에 경청과 존중하는 말이 사랑임을 이야기합니다. 그리고 국어 수업에서 그것이 지켜지도록 요구해요.
>
> 김○○ 선생님(중학교 국어)

수업에서 규범을 세우는 것도 중요하지만 지속적인 교육을 통해서 학생들이 습관화가 될 때까지 원칙을 갖고 반복적 진행해야 한다. 새로운 습관이 형성되려면 21일 이상은 걸린다고 한다. 학

기초에 내 수업에서 지켜야 하는 원칙들을 아이들에게 이야기를 해줘서 수업에서 규범을 지킬 수 있는 토대를 마련하는 것이 좋다.

수업 시간 약속

1. 수업 시간은 늦지 않는다. 늦으면 수업을 진행하지 않는다.
2. 여러분의 생각을 정리할 생각공책과 교과서를 준비한다.
3. 질문이 있는 사람은 손을 들어 표시한다. 선생님은 끝까지 대답을 해준다.
4. 지위로 만나지 않고 사람 대 사람으로 만난다. 그러므로 서로 인격적으로 대한다.
5. 다른 사람의 이야기를 경청한다. 잘 듣는 사람이 잘 말할 수 있다. 그리고 아름다운 말을 사랑한다. 언어는 그 사람의 얼굴이다.

나를 키우는 말

이해인

행복하다고 말하는 동안은
나도 정말 행복해서
마음에 맑은 샘이 흐르고

고맙다고 말하는 동안은
고마운 마음 새로이 솟아올라
내 마음도 더욱 순해지고

아름답다고 말하는 동안은
나도 잠시 아름다운 사람이 되어
마음 한 자락이 환해지고

좋은 말이 나를 키우는 걸
나는 말하면서
다시 알지

　수업 시간은 언어의 잔치다. 잔치가 있으려면 손님을 초대해야 하는데, 그러기 위해서는 집 안 청소를 깨끗하게 해야 한다. 우리 마음도 날마다 깨끗하게 청소를 해야 한다. 부드럽고 친절한 언어가 수업에서 살아 움직일 때 서로를 배려하는 마음이 생기고, 경청하는 태도를 배울 수 있다. 강한 것이 부드러운 것을 이길 수 있는 것이다. 마음 밭을 몇 번이고 갈아엎을 때 고운 마음을 아이들이 가질 수 있는 것이다.

　그리고 '안전지대'를 형성하기 위해서 서로를 이해하는 시간을 갖도록 한다. 감정 나눔을 할 수 있는 시간을 충분히 가져서 이해의 폭을 넓히도록 한다. 숫기가 없는 아이들이 발표를 할 때는 교사가 바리케이드 역할을 해줘야 한다. 검사가 아니라 변호사 역할이다. 성격이 온순하고 말이 없는 아이들이 발표를 할 때는 그 아이 편에 서야 한다. 소리가 작을 때는 마이크를 갖다 대주고, 설명이 어려울 때는 쉬운 사례로 풀어서 할 수 있도록 징검다리가 되어줘야 한다. 아이들은 교사의 앞모습이 아니라 뒷모습을 보고 배운다. 약한 아이들을 배려해서 기다려주는 모습을 볼 때 아이들도 경청을 어떻게 해야 하는지 배운다. 그래서 선생님이 중요하고 어려운 것이다. 아이들은 말로 가르친다고 변화하지 않는다. 침묵으로 가르칠 때 더욱 감동해서 변화할 수 있는 것이다.

수업에서 틀어진 아이들의 '직접 대화'

나는 무엇에 익숙한가? 이 질문에 대답을 해보자. 내가 수업 시간에 들어갔던 반을 살펴보니 경청이 어려웠던 반이 있었다. 아이들이 공부를 열심히 하는 반인데, 서로의 관계가 힘들었던 반이었다. 그리고 사례에 나왔던 준영이 역시 그 반에서 다른 친구들과 어울리기 힘들어했다. 이런 경우에는 김 선생님의 이야기가 도움이 될 수 있다.

> 수업 외에 학급 생활에서도 위의 친구와 관계 형성이 안 되어 있다고 봅니다. 일단 교사가 중재하여 야유성 발언 부분을 멈추게 하고 발표자가 계속할 수 있도록 해요. 그리고 수업 후 왜 그렇게 하였는지 이야기를 좀 더 들어요. 발표 학생과 가로채고 야유한 학생을 대면하게 하여 내면의 감정 부분을 표현하는 자리를 만들어요. 가로챔이나 야유를 받은 학생의 표정이 편안해지는 것이 보였습니다.
>
> 김○○ 선생님(중학교 도덕)

수업은 문화이다. 그렇다면 갈등은 생기게 마련이다. 그 갈등을 피하는 것보다는 평화롭게 해결하는 역할을 하는 것이 교사이다. 수업 시간에 평화를 만들고 평화를 지켜 나아가는 피스메이커(peacemaker)이자 피스키퍼(peacekeeper)가 교사이다. 갈등이 일어나면 멈추게 한다. 발표자가 역할을 계속할 수 있도록 지지를 보내주는 것이 필요하다. 앞선 사례처럼 교사가 분노를 표출하면 수업은 파산선고를 받은 셈이다.

에너지가 소멸된 곳에서는 꽃이 피지 않는다. 발표의 방해 요소를 넘을 수 있도록 교사가 어깨를 빌려줘야 한다. 그러면 발표자는 안정감을 느낄 수 있을 것이다. 나를 도와주는 사람이 있구나 하는 신뢰감이 용기를 갖게 한다. 그리고 발표를 방해했던 아이들은 수업 후에 만나서 그 이유를 들어주는 것이다. 수업 방해를 한 아이들이 자기변호를 할 충분한 시간을 주는 것이 필요하다. 이때 교사는 들어줘야 한다. 이 아이도 내 수업 시간을 이루는, 학습 공동체의 일원이라는 사실을 잊어선 안 된다. 이야기를 들어주는 행위는 아이의 마음에서 독을 빼는 과정이다. 그 아이에게도 억울함이 있을 것이다.

그리고 '직접 대화'의 시간을 갖는다. '나'(I) 메시지 전달법으로 서로 자신의 감정을 이야기하도록 '평화의 의자'에 앉는다.

나(I) 메시지 전달법[12]

> 네가..할 때면
> 나는..하게 느낀다.
> 왜냐하면..때문이다.
> ....해 주었으면 좋겠다. ....해 주겠니?

자신이 말하고자 했던 느낌을 허심탄회하게 '나'(I) 메시지로 이야기함으로써 본인의 감정을 표현하는 기회가 된다. 감정은 묻어두면 썩는다. 썩으면 고약한 냄새가 난다. 냄새가 나는 곳에는 사람이 가지 않는다. 수업에서 아름다운 향기가 나야 하는데, 고약한 냄새가 난다고 하면 그 시간은 선생님이나 아이들이나 참을 수가 없을 것이다.

그래서 마음이 불편한 아이들이 서로의 얼굴을 대면하고 '직접 대화'하는 경험을 갖게 하는 것이다. 수업 시간에 그렇게 씩씩거리던 아이들도 상대방의 느낌과 욕구를 들으면 이해가 되는 지점이 생긴다. 어떤 것이 불편했는지, 가로채기를 당했을 때 느낌에 대해서 허심탄회하게 말한다.

야유하기와 가로채기, 그 숨겨진 의미

한편 야유하기와 가로채기를 하는 학생들은 어떤 경향성을 지

---
12. 토마스 고든, 『교사 역할 훈련』, 양철북, 2003

닐까?

> 야유하는 경우는 서로 존중할 것을 여러 번 말함으로써, 가로챌 경우는 악의적 의도보다는 자신의 의견을 더 먼저 말하고 싶은 경우가 많아서일 것 같으므로 순서를 정해주고 충분하게 말할 기회를 주면 서서히 질서를 회복할 것 같아요.
>
> 　　　　　　　　　　　서○○ 선생님(중학교 사회)

수업을 방해하는 요소인 '야유하기'와 '가로채기'를 나눠서 생각을 해보자.

'야유하기'는 상대방의 잘못을 비꼬아서 간접적으로 자신의 의사를 언어적, 비언어적 행위로 표현한다. '우우', '무슨 소리인지 모르겠어', '쟤 뭐니', '웃기고 있네' 하고 말하거나 옆 사람과 말 걸기 등과 같은 언어적 행위가 있고, 책상 두드리기, 손가락질하기, 째려보기, 팔짱끼기, 인상 찌푸리기 등의 비언어적 행위가 있다.

'야유하기'는 상대를 인정하지 않겠다는 감정이 후경(後景)[13]으로 자리 잡고 있다. 다시 말해 자신의 마음속에 감춰둔 타인에 대한 감정이다. 자신이 알아차리거나, 알아차리지 못하는 경우가 있다. 그래서 표현 방식은 소극적 공격 방식을 선택한다. 집단 속에 숨어서 자신의 의지를 표출하고자 한다.

---

13. 게슈탈트 심리학에서 나오는 용어이다. 대상에 대한 인식을 전경(前景)과 후경(後景)으로 나눠서 볼 수 있다.

야유하기는 대안적인 생각을 표현하기보다 즉각적인 반응을 보이는 상황이 많아서 상대방에게 불쾌감을 주는 폭력성을 지니고 있다. 이럴 때는 즉시 효과가 나타날 수 있도록 '끊어주기'가 필요하다. 상대방이 얼마나 기분이 나쁜지를 알려줘야 한다. 물론 수업의 흐름을 멈추고, 아이와 감정싸움에 휘말리는 것은 피해야 한다. "재훈아, 이번 수업 마치고 잠시 선생님과 면담 좀 하자(또는 해야겠다)." 이야기하며, 지금 그 행동이 큰 잘못된 행동이라는 것을 반 전체가 인식하게 한다. 이것이 수업의 공공성을 확립하는 것이다. 그리고 아이를 따로 불러, 수업 밖에서 상담을 한다. 아이들은 일대일로 수업 밖에서 만나면 차분해진다. 이럴 때 먼저 감정을 알아차려주고, 상대방의 감정을 알아차리도록 한다.

'가로채기'는 자신의 존재감을 드러내고 싶은 의지의 표현이다. '나도 있다'의 목소리다. 표현 방식은 적극적 공격 방식을 선택한다. 인정의 욕구가 강한 아이일수록 가로채기는 많이 나타날 수 있다. 발표자의 의견을 인정하는 측면도 있지만 내 의견도 반영해 달라는 외침이다. '그건 아닌 것 같은데요', '제 생각은 다른데요', '저요, 할 이야기 있어요', '재랑 달라요' 등과 같은 표현을 하는 경우이다. 이럴 때는 '순서 정하기'를 해서 의견을 말할 수 있는 기회를 충분히 주고, 기다리는 마음을 익히도록 한다.

"순용아, 너도 말하고 싶은 의견이 있네. 그 마음은 선생님도 충분히 이해해요."(인정), "참 좋은 의견이 있을 것 같아요. 선생님도 기대가 되네."(기대), "그런데 지금은 진우가 발표를 하는 시간이네."(알아차림), "순용이는 진우가 말한 다음에 기회를 줄게요." (기회부여), "선생님이 칠판에 순서를 적어 놓으면 되겠지."

　아이들은 수업에서 예상을 뛰어넘는 반응을 한다. 그런 아이들에게 수업 규범을 세우려면 그 아이의 예상을 뛰어넘는 대응을 해야 한다. 학생에게 부드럽고 친절하게 상황을 이해시키고, 수업 방해 요소를 명료하게 설명해준다. 그리고 그런 반응을 하는 학생의 유형을 살펴서 대응하는 것도 필요하다. 교사가 상황에 몰입하여 감정싸움에 휘말리지 않도록 자신의 마음을 지켜야 한다. 사실 마음을 지키는 것이 성을 빼앗는 일보다 어렵다. 상황에 몰입하면 본질은 없어지고 상황만 남는다. 이럴 때 객관적 관찰자의 시점이 도움을 줄 수 있다. 상황에서 벗어나 감정을 분리시키고, 아이들의 행동의 양상을 객관적으로 관찰하여 수업의 규범을 세우고, 그 마음을 알아차릴 때에는 전지적 작가 관점으로 내면에 담겨진 욕구를 절차적으로 표현할 수 있도록 안내해주는 역할을 한다. 아이들은 때때로 많이 알고 있는 선생님보다 질서를 세워서 평화로운 수업 공동체를 만들어 주는 선생님에게 마음이 더 갈 수 있다.

질문하는 학생을 비난하는 경우

'이 고민' 선생님은 지난 수업 시간에 규호가 수업 말미에 질문을 하는 지은이를 비난한 장면을 기억하고 싶지 않다. 물론 수업 끝나기 5분 전이었지만 규호가 질문하는 지은이를 매몰차게 비난을 했다. "이제 수업이 얼마 남지 않았는데 왜 질문을 하냐!"고 몰아쳤다. 사실 이런 상황은 자주 생겼다. 고등학교 교사를 오래하다가 중학교로 내려왔더니, 수업 시간에 선생님이 있어도 아이들은 수업에서 질문하는 학생을 비난했다. 개념이 없는 아이들이라고 생각해서 몇 번 소리를 치면서 야단을 친 적이 있었다. 그랬더니 그 반 수업에서 지은이의 질문하는 모습을 발견하지 못했다. 나중에 알고 보니 다른 여학생들도 가세를 해서 지은이에게 "왜 나대냐!"고 핀잔을 주었다고 한다. '이 고민' 선생님은 깊은 갈등에 빠진다. 수업 시간에 질문하는 학생들을 보호하는 것이 교사의 역할이라고 생각했는데, 자신이 도리어 그 학생을 돌보지 못했다는 생각이 들었다. 그렇다고 질문하는 학생을 비난하게 놔두는 것이 교사의 역할을 방치하는 행위는 아닐까 깊은 딜레마에 빠졌다.

일상의 수업에서 규호를 만난다면 어떤 장면이 연상되는가? 규호를 생각하면 어떤 감정들이 떠오르는가? 그 녀석 괘심하구나, 어떻게 친구가 발표하는 것을 비난할 수 있는 것일까? 마음에 불편한 감정 단어들이 불쑥불쑥 올라오는 것이다. 교사의 감정도 중요하다. 자신의 감정을 알아차릴 때 타인의 감정도 알아차릴 수 있기 때문이다. 하지만 잠시 그 아이가 왜 그랬을까 하는 궁금증을 가져야 한다. 이런 경우 이유 없는 행동은 존재하지 않는 경우가 많기 때문이다.

질문에 비난하는 아이와 상담

아이들이 질문에 대한 비난을 하는 경우를 가만히 관찰해보면 수업 끝나기 몇 분 전을 경계로 나타날 때가 많다는 것이다. 규호 역시 지은이가 질문하는 의도는 알지만 하필이면 그 때를 맞춰서 해야 하는가에 의문을 품고 있었고, 자기도 모르게 툭하고 비난의 목소리를 낸 것이다. 하지만 지은이와 불편함도 있었다. 말하지 않았지만 지은이의 태도는 규호가 보기에 못마땅했다. 지나치게 잘난 척을 한다는 것이다. 친구들을 가르치려고 하고, 무시하는 태도가 불편했다. 그런데 둘은 이 문제를 가지고 대화를 나눈 적이 없었다. 감정의 앙금이 쌓인 상태가 오래 되다보니 자주 부딪치는 경우가 생긴다. 그래서 선생님이 중재자로 둘이 만나서 직접 대화를 하는 시간을 가졌다. 지금, 여기에서 느끼는 감정을 이야기하는 시간을 가졌다. 그리고 규호를 불러서 상담을 진행했다.

선생님 지은이랑 이야기를 하고 난 느낌이 어떠니?
규 호 다소의 오해가 풀렸어요. 제가 저 자신만 생각하는 것은 아닌지 돌아보게 되었습니다.
선생님 오해가 풀렸다니 고맙네. 대화를 통해서 너를 돌아볼 수 있는 기회가 되었구나. 어떤 점을 돌아보게 되었는지 궁금하구나. 거기에 대해서 좀 더 자세하게 말해줄 수 있니?

규 호 사실 저도 모르는 것은 확실히 알고 넘어가는 것이 옳다고 생각해요. 그런데 지은이가 질문하는 내용은 앞에서 선생님이 설명을 하신 부분이 있었지요. 자세히 들으면 해결될 수 있는 사항이었습니다. 그걸 질문해서 화가 났어요. 제가 좀 욱하거든요.

선생님 그랬구나. 지은이가 선생님의 설명을 자세히 들었으면 더 이상 질문을 할 필요 없고, 쉬는 시간까지 빼앗을까봐 두려웠구나. 매우 속상했구나.

규 호 네, 선생님. 그리고 지은이가 가르치려고 하고 무시하는 태도가 싫었습니다.

선생님 지은이가 가르치려고 하고, 무시하는 태도가 불편했던 것이네. 그럼 지은이의 모든 태도가 싫은 것이니? 좋을 때는 없었니?

규 호 글쎄요. 모든 것이 싫은 것은 아닙니다. 그래도 가르치려고 하는 모습이 반드시 나쁘게 보이지 않았습니다. 친구들에게 모르는 것을 알려주려고 하는 태도는 마음에 들었지요. 사실 저도 지은이처럼 인정받고 싶은 마음이 있나 봐요.

선생님 지은이의 모습이 반드시 나쁜 것은 아니고, 가르쳐 주려는 모습은 잘했다고 생각하네. 나도 지은이처럼 인정받고 싶은 욕망도 있고, 그럼 앞으로 지은이가 질문을 하면 어떻게 하는 것이 좋을까?

규 호 지은이도 정확히 알고 싶은 욕구가 있구나! 질문을 통해서 자신이 아는 것을 확실히 알고, 모르는 것을 깨닫게 된다면 잘 가르쳐 주지 않을까. 이런 생각이 드네요. 저도 잘 몰랐어요. 제 마음이 이런 생각을 하고 있는 거예요.

교사가 상담을 통해서 학생과 문제를 해결해나가는 과정을 보여준다. 학생 스스로 각성하도록 도와주는 역할을 교사가 하고 있다. 이 상담의 과정은, '교사가 내담자의 이야기 요약하기'(지은이가 가르치려고 하고, 무시하는 태도가 불편했던 것이네), '내담자에 대한 공감하기'(쉬는 시간까지 빼앗을까봐 두려웠구나. 매우 속상했구나.), '다른 입장에서 생각하기'(그럼 지은이의 모든 태도가 싫은 것이니 좋은 때는 없었니?), '질문을 통한 해결책 제시'(그럼 앞으로 지은이가 질문을 하면 어떻게 하는 것이 좋을까?) 등으로 진행된다. 내담자 학생과 상담할 때 상담자인 교사가 반영하기, 즉 거울대화법[14]을 하기만 해도, 학생은 공감 받는 느낌을 받을 수 있어서 '교사와 이야기를 할 수 있구나!' 하는 생각을 가질 수 있다. 비난하는 질문을 한 학생의 마음을 만져주는 작업은 이야기의 반영에서 시작한다. 그리고 내담자 학생이 질문한 학생을 이해할 수 있도록 잠시 물러서서 다른 입장에서 생각해보는 것이다. 질문하는 학생의 모습이 언제나 싫었던가. 좋은 때는 없었던가를 떠올리게 한다. 다른 측면을 생각하는 작업을 통해서 되풀이

---

14. 거울 대화법이란 내담자의 이야기를 상담자가 거울처럼 그대로 반영하는 상담 기술이다.

되는 패턴이 아니었다는 것을 인식시켜준다. 그리고 질문을 통하여 내담자가 스스로 각성을 하는 과정에 이르게 한다.

여기까지 질문을 비난한 학생과 비난받은 학생과의 대화, 그리고 비난하는 학생과 상담을 통하여 해결책을 모색하는 과정을 살펴봤다.

질문이 존중되는 수업 문화 세우기

그런데 이번에는 다른 면에서 접근을 시도해 볼까 한다. 일반적으로 질문을 비난한 학생에 초점을 맞추어 문제를 해결하려는 것은 비난에 대한 부정성 때문이다. 사실 이런 아이들이 많으면 그 수업은 침묵의 수업이 될 것이다. 안전지대가 무너진 것이기 때문이다. 안전지대를 복원하는 방법으로 비난하는 학생에 초점을 두는 것에서 질문하는 학생에 초점을 두는 것으로 옮기는 것이 어떨까. 교사의 마음이 어디에 있는지를 보여주는 행동을 통해서 인식을 하게 하는 전략이다.

> 질문은 고귀한 학습 행위이지요. 질문을 통해 수학적 사고력은 증가해요. 그래서 수업 시간에 질문은 권장되고 존중받아야 마땅하지요. 그것을 비난하는 학생이 있다면 내가 질문한 그 학생에게 칭찬으로 극진한 보상을 함으로써 교사의 마음이 어디에 가 있는지 분명하게 표현합니다.
> 엄○○ 선생님(고등학교 수학)

엄 선생님이 비난하는 학생을 다루는 전략은 신선하다. 나와 같은 경우에는 비난하는 학생에게 초점을 맞춰 해결하려는 경향이 있다. 질문한 학생을 보호하려는 마음이고, 비난하는 학생의 태도를 교정하려는 마음이 있기 때문이다. 그런데 생각해보니 질문에 대한 교사의 신념이 무엇인가에 집중할 필요가 있다는 결론을 내리는 것은 어떨까. 수업에서 학생들은 교사의 마음이 어디로 향하고 있는지에 관심이 쏠린다. 수업은 학생과 교사의 관계로 이루어지기 때문이다. 이 수업에서 아이들은 선생님이 생각하는 수업의 가치는 무엇일까에 주된 관심을 둔다.

그래서 여러 가지 시도를 해보기도 하고 소위 말해서 '간 본다.' 그리고 자신의 행동 방향을 설정하게 된다. 이렇게 해서 수업 문화가 형성된다. 모든 반의 수업이 다른 이유가 형성된 수업 문화가 다르기 때문이다. 질문을 우선시해서 질문자를 존중하는 엄 선생님의 전략은 그래서 신선하다. 물론 질문에 대한 극진한 보상이 구체적으로 드러나 있지는 않지만 교사가 지향하는 수업의 정체성이 어디를 행하는지를 명료하게 보여주는 실천적 행위는 학생이 행동을 수정하는 전략일 수 있다. 이렇게 되면 아이들은 질문하는 아이에 초점을 두게 될 것이고, 비난의 목소리는 점차 사라질 수 있다. 왜냐하면 이 수업에선 '비난'보다 '질문'이 존중받기 때문이다.

수업은 결국 협력이다

그렇다면 수업 시간에 질문을 비난하는 상황이 생기는 구조적인 원인은 무엇일까?

> 관계가 해답이죠. 비난하는 분위기는 너무나 자연스럽게 형성됩니다. 자신이 비난받으면 기분이 나쁘면서도 비난하는 순간은 쾌감을 느끼지요. 자기보다 낮은 사람을 발견했기에 상대적인 자신감이 생긴 거지요. 이렇게 비난하는 분위기는 경쟁적인 문화에서 더 쉽게 발생합니다.
> 남○○ 선생님(중학교 영어)

남 선생님은 수업 시간에 질문하는 학생들을 비난하는 학생이 생기는 경우를 학교의 경쟁 문화에서 찾고 있다. 대민민국 학교는 성적 지상주의 때문에 몸살을 앓고 있다. 서열화에 의한 줄서기가 수업에도 영향력을 준다. 이러한 문화에서는 강한 모습이 아이들의 역할 모델이다. 이기는 것이 정답이기 때문이다. 자기 내면에서의 강함보다는 타인에 대한 비교에서 강함을 추구한다. 나의 위치 탐색이다. 상대방과 비교한 나의 위치가 중요하다. 그래서 나보다 약한 자는 언제나 밥이다. 그들은 돌봄과 보살핌의 대상이 아니라 자신들에게 먹잇감이다. 이런 수업 문화에서는 비난이 주류 문화를 형성하기 때문에 긴장도가 높아서 쉽게 피로해진다.

긴장감을 낮추고 평화로운 관계 형성을 하기 위해서 어떤 방향

전환이 있어야 하는가? 함께 하는 협력의 가치를 심어줘야 한다. 그렇다면 아이들은 과연 협력에 대해서 어떻게 생각하는가. 아이들은 협력의 좋은 점을 다음과 같이 말한다.[15]

> 협력의 좋은 점은 협력을 해나가는 중에 서로에 대해서 더 잘 이해할 수 있게 되는 것 같다고 생각합니다. 협력을 해나가는 중에서 서로의 의견을 이야기하고 그 의견들을 하나로 모아가면서 서로의 성격이나 가치관 같은 것들에 대해서 조금이라도 알아갈 수 있다고 생각하고 협력을 하고 나서 보람차달까. 그런 느낌도 느낄 수 있는 것 같아요. 공동체 의식도 더 쌓아갈 수 있는 것 같습니다.
>
> 정○○ (고등학교 1학년)

> 협력을 하면 스스로 하기 힘든 어려운 난제라도 힘을 합쳐 풀어나갈 수 있고 그 과정에서 함께하는 동료와의 유대감이 돈독해져 사이가 더욱 가까워져요.
>
> 이○○ (고등학교 1학년)

> 협력의 좋은 점은 우선 비유를 해보자면, 어떤 곡을 악기로 연주한다고 했을 때 바이올린 하나로만 연주하면 뭔가 허전하고 그럴 것이지만 거기에 비올라가 더해지고 첼로가 더해지고 피아노가 더해지고 각종 금관악기들까지 더해지면 더 아름답고 웅장한 소리를 낼 수 있듯이, 혼자 일을 하는 것보다 여러 재능과 다른 특징을 가진 사람 여럿

---

15. 이규철, 「이제, 다시 협력이다」, 좋은교사 11월호, 2013

이서 힘을 보태서 그 일을 하게 된다면 혼자 생각하고 일하는 것보다 더 많은 아이디어도 낼 수 있고 일의 완성도도 높아질 것 같아요 그리고 협력을 하면서 일하다 보면 협동심도 생기고 배려하는 마음도 생기니까. 협력은 좋은 점이 참 많다고 생각합니다.

정○○ (고등학교 1학년)

협력을 하면 하게 될수록, 협력을 하면서 더 많은 추억과 경험을 쌓을수록 정서적으로 치유가 된다고 생각해요. 혼자 사막에 놓여 있는 기분으로 힘든 일을 해내는 것보다는 다른 이들을 믿고 의지하며 도움을 주고받는 게 심적으로 안정이 될 것 같습니다. 처음에 다 같이 마음을 모아 협력하기가 어려울 것 같아도 막상 해내고 나면 매우 뿌듯합니다. 이번에 체육대회 때와 스승의 날을 준비할 때도 처음에는 의견이 잘 맞지 않아 무사히 끝낼 수 있을까 걱정했지만 누구보다도 좋은 결과를 낼 수 있었습니다. 그리고 반 친구들과도 그 이후로 더 애틋한 감정이 드는 것 같아요.

신○○ (고등학교 1학년)

협력은 힘을 합하여 서로 돕는다는 뜻에 걸맞게, 자신이 혼자 하지 못하는 일을 다른 사람들과 함께 해결할 수 있고 그에 따른 성취감을 느낄 수 있으며, 타인을 통해 배울 수 있어요. 남을 이해하고 공존하고 같이 나아가는 것을 배울 수 있으며 일을 분담해 효율성을 높일 수 있어요.

조○○ (고등학교 1학년)

학생들이 생각하는 협력의 좋은 점은 상대방에 대한 이해, 동료와 유대감 형성, 상대방에 대한 배려, 정서적 치유, 함께 나아가기 등이었다. 학생들은 협력을 하다보면 서로 차이점을 알게 되고, 왜 그랬는지에 대한 상대방의 생각을 들을 수 있는 과정을 거치게 된다. 과정에서 얻는 어려움은 학생들에게 생채기로 남기보다는 함께 견디면서 극복했다는 '자기 지지'[16]의 힘을 주게 된다. 혼자 하는 것보다는 함께 했다는 성취적 동기로부터 얻은 문화적인 경험은 서로에게 생겼던 불편한 긴장 관계를 해소하고 서로에 대한 신뢰감을 형성한다. 또한 협력에 대한 경험은 학생들이 성장하는 보이지 않은 동력이 된다.

그렇지만 수업에서 학생들이 협력하기 쉬운 것은 아니다. 아이들은 협력하기 어려운 이유를 다음과 같이 말한다.[17]

> 협력이라는 것은 마치 스포츠경기처럼 호흡이 잘 맞아야 해요. 예를 들면 농구를 할 때 내가 패스를 하면 팀원이 받아줘야 하지만 팀원이 자리에 없다면 공을 뺏기게 돼요. 내가 드리블할 때 팀원이 스크린이라든지 패스플레이 등을 해줘야 쉽게 돌파할 수 있어요. 이와 마찬가지로 협력 역시 어떠한 난제를 두고 호흡을 맞춰 풀어가야해요. 예를 들면 미술 수행평가로 동네 사진을 찍어서 전

---

16. 신을진 교수가 '수업 코칭 연구가 과정(2013년)'에서 사용한 용어이다. 자부심이나 자존감과는 다른, 자신의 내면에서 머물면서 한 걸음 더 나아갈 수 있는 내면의 힘을 가질 수 있는 원천이다.

17. 이규철, 앞의 글에서 인용.

개도를 그리고 직접 만들어서 세우는데, 누구는 비산동을 찍어왔다고 비산동 건물만 만들고 누구는 학원가를 찍어왔다고 학원가 건물만 만들면 이는 협력이 아니라 그냥 망하는 지름길 중 하나입니다. 그렇기에 협력을 하기란 쉽지가 않습니다.

이○○ (고등학교 1학년)

협력이 어려운 이유는 사람마다 개성, 성격이 너무 달라서라고 생각합니다. 하지만 한 번 이러한 어려움을 이겨내고 나면 겁먹을 게 없는 게 협력이라고 생각합니다.

신○○ (고등학교 1학년)

자신과 성향이 맞지 않는 사람과 함께 일하기는 어렵고 서로 의견 합의가 필요해서 진행이 느리고 트러블이 발생할 수 있어요. 권위주의적이거나 일하지 않고 게으르거나 적극적이지 않은 사람이 있으면 매우 힘들어요.

조○○ (고등학교 1학년)

어려운 점은 아무래도 여러 사람이 모이다 보니까 생각이 다를 것이고 사공이 많으면 배가 산으로 간다고 의견도 잘 안 맞을 수도 있고 그래서요.

정○○ (고등학교 1학년)

학생들이 협력하기 어려운 이유는 어려운 과제를 만났을 때 서로 이해관계를 떠나서 힘을 모으는 것이 어렵기 때문이다. 서로의 생각이 다르고, 성향이 다르기 때문에 의견을 조율하는데, 시간이 많이 걸리고, 그러다 보면 일의 효율성이 떨어질 것을 두려워하고 있다. 생각이 다른 것이 협력을 이뤄내기 어렵고, 사공이 많으면 배가 산으로 올라갈 수 있다는 트라우마가 잔존하고 있다. 하지만 서로의 마음을 모으는 어려운 과정을 거치다보면 넘어갈 수 있는 용기가 생길 수 있다고 이야기한다.

이제 스스로에게 질문을 던지자. 비난을 넘어서 아이들이 수업에서 학생끼리 협력이 가능하다고 믿는가. 강함보다 부드러움이 내 수업 안에 머물고 있는가. 서로 생각을 나누고 생각을 더하는 것이 학생들을 배움으로 들어오게 하고, 이런 문화적인 배움의 경험이 학생들이 타인에 대한 이해와 존중을 배우도록 도와주는가. 그것이 경쟁으로 피곤해진 학생들에게 무엇을 위해 배워야 하는지에 대한 방향성을 제시해주고, 어디로 나아갈지에 대한 명료한 목적을 부여해준다고 생각하는가. 자신에 대한 '자기 지지'의 힘이 형성됨으로써 낙인 효과에서 벗어날 수 있고 배움이 찬찬히 일어나는 아이들에 대한 이해와 공감, 그리고 더 나아가서 또래 가르치기의 경험을 터득할 수 있는 기회가 될 수 있다는 내 안에 신념이 있는가. "부드럽게 친절하게 허심탄회하게."[18]

---

18. 아세아연합신학대학교 교육대학원 상담과정에서 최금순 교수가 가족 상담 강의에서 사용한 용어이다.

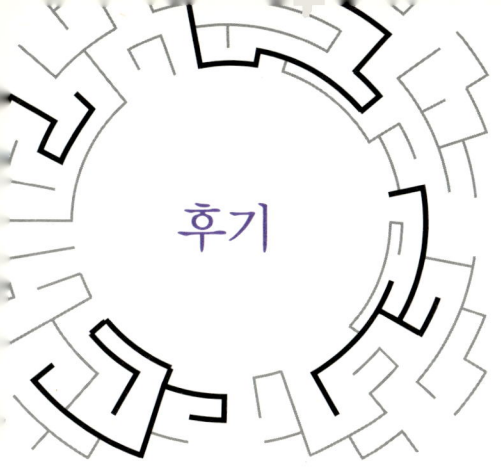

후기

결승점에 도착했다. 그렇게 길게 보이던 길인데, 그 끝에 섰다. 그래서 다시 그 길에서 만난 사람들이 생각난다. 길 위에서 만난 선생님들 한 분 한 분이 나에게는 소중하고 잊히지 않는 얼굴이다. 그분들과 함께 걸으면서 여기까지 왔다.

교직 20년차 교사인 내가 사랑하는 한 후배 교사가 있다. 김태현. 좋은교사 수업코칭 부소장. 나를 지금 여기까지 이끌어준 후배이자 동료 교사다. 'EBS 선생님이 달라졌어요' 수업코칭 전문가로 출연하여 이제는 워낙 유명한 연예인 교사가 되어버렸지만, 지금도 내가 배울 것이 많은 교사다. 시대를 보는 안목이 있다. 교사의 필요를 채워주고, 언제나 우리를 즐겁게 해주는 에너자이저. 그가 있는 곳은 유쾌함이 있고, 감동이 있다. 그래서 김태현이 나는 좋다.

나는 원래 공감을 잘 못한다. 그런 나를 초대해주고, 격려하면서 지지해준 신을진 교수님. '알아차림', '공감', '자기 지지' 등의 개념들을 몸으로 경험케 해주신 분이다. 신을진 교수님은 '게슈탈트'와 '수업'을 접목한 탁월한 식견을 갖춘 이 분야 최고의 전문가이다. 벌써 3년째 가르침을 받고 있으니 마음의 빚이 많다. 옆에서 함께 길을 걸어가고 있다. 그 존재감에서 느끼는 편안함과 감사를 언제나 느낀다. 그래서 나는 교수님이 좋다.

올 한 해 수업 코칭 활동가 2기 '수업 성찰' 연수는 광야에 서 있는 느낌이었다. 가보지 않은 길을 가는 그 고통. 그때 나에게 힘이 되어준 김남경 선생님. 내가 어디로 갈지 고민하고 있을 때, 갈 바를 알려주고 격려하며 빈틈을 채워준, 목소리만 들어도 힘이 솟는 나의 수업 친구이다. 이 책의 의미를 나에게 알려주며 힘내라고 격려해준 마음 씀씀이가 고마운 선생님. 선생님의 지지 때문에 글을 쓸 수 있었다.

그리고 원고를 보고 꼼꼼히 교정해주며 자신의 일보다 더욱 정성을 쏟았던 박준영 선생님. 수내치 과정을 섬기면서 뚜벅뚜벅 그 길을 걸어가고 있는 김경희 선생님, 수석 교사의 내면을 다루면서 성장케 해주신 형님 같은 따뜻한 미소를 지닌 덕양중 이준원 교장 선생님, 수업코칭연구소의 미래를 책임질 김효수 선생님, 이 책이 나오면 사지 않겠다며 너스레를 떨며 빙그레 웃었던 현승호 선생님, 긍정의 달인이며 수업코칭연구소의 기도의 용사 박윤환 선생님, 기획력이 뛰어나고 섬세함을 갖추고 있는 손현탁 선생님, 수업코칭연구소의 아트 디렉터 이다정 선생님, 수업 코칭으로 학교 혁신을 꿈꾸며 중딩 아이들과 수업에서 즐거움을 누리고 있는 류한나 선생님, 나에게 처음 수업을 열어서 첫 번째 수업 코칭을 받은 이랑이 엄마 이은미 선생님, 멀리 강원도에서 시간을 쪼개가면서 수업 코칭 연수를 받으러 오는 성실함을 지닌 신부 현유진 선생님, 부산 가족 여행을 손수 가이드하며 우리 가족에게 멋진 추억을 남겨준 심은희 선생님, 구수한 대구 사투리를 써가며 상담자 역할을 잘해줬던 윤은희 선생님, 의미 있는 수업을 나에게 3번이나 공개했던 프로젝트 수업의 전문가 송칠섭 선생님, 이름 삼행시의 달인이고 언제나 배움의 열기가 모락모락 피어나는 열정의 사나이 최순용 선생님, 미디어에 대한 탁월한 안목을 갖고 오랜 동안 연구를 해왔으며 청소년 문화에 관심이 많은 강정훈 선생님, 협동학습을 알려주고 나를 좋은 교사로 안내해준 협동학습의 대가 김현섭 선생님, 학교 혁신의 길을 새롭게 열며 몸으로 살아내고 있는 김영식 선생님, 빛고을 광주에서 수업 친구 모임을 만드는 비전을 갖고 감동적인 수업 성찰 동영상을 만든 김대현 선생님, 졸고 가지고 그 의미를 부여해주며 추천의 글을 써준 좋은교사 공동대표 임종화 선생님, 언제나 예리하고 날카로운 지성으로 흰머리가 더해지도록 고민하는 좋은교사 공동대표 김진우 선생님, 회복적 생활교육으로 생활지도의 새 지평을 연 박숙영 선생님, 좋은교사 잡지에 낸 거친 글을 다듬고 고치는 일을 하면서 언제나 도전을 주는 김중훈 선생님, 그리고 후덕한 마음 씀씀이로 옆 사람을 편하게 해주며, 언제나 가난한 마음을 지니고 있으면서

다른 선생님들에게 도전을 주는 젊은 청년 정병오 선생님. 이 선생님들은 내가 좋은교사에서 만난 수업친구이자 함께 길을 가는 동역자이다. 함께 있는 존재만으로 도전이 되고 위로가 되는 든든한 동지다.

이 책을 처음에 소개해준 선생님은 김성천이었다. 나에게 도전을 주며 선생님이라면 할 수 있다고 격려해줬다. 그런데 나는 많은 민폐를 끼쳤다. 아마도 이 책이 세상에 나오게 된 최고의 수훈자는 김성천 선생님이다. 그와 관계를 끊지 않게 위해서는 이 책을 써야 했기 때문이다. 그래서 고맙다. 그리고 인터뷰를 통해서 자신의 고견을 이야기해준 선생님들이 있다. 수석교사답게 경험에서 우러 나오는 탁견들을 이야기 해 준 김경희 선생님, 수학에 대한 고민과 뚝배기 같은 깊은 사고에서 아이들의 배움을 강조한 오국환 선생님, 교육에 대한 열정과 배움으로 자신의 삶을 가득 채운 권윤호 선생님, 수학적 사고를 강조하며 수학에서 느끼는 딜레마를 손수 교정해준 엄영진 선생님, 아이들에 대한 고민과 예리한 통찰력으로 수업에서 느끼는 딜레마를 제시해준 박소형 선생님, 젊은 국어 교사인데도 국어에 대한 깊은 안목을 가지고 있는 김동휘 선생님, 수업에서 언제나 흔들리지만 좋은 국어 선생님이 되고 싶어 언제나 깊은 고민을 하는 조은애 선생님, 톡톡 뛰는 소리가 매력적이며 열정이 넘치는 영어 수업을 하는 김소진 선생님, 학습 동기 연구에 깊이 빠져 있고 교육을 보는 안목이 깊고 넓은

남이형 선생님, 즐겁고 재밌는 영어 수업으로 아이들을 배움으로 초대하는 임슬기 선생님, 과학 교사로 살아가는 기쁨을 누리며 아이들에게 삶의 본을 되려는 노력을 멈추지 않는 패셔니스타 최재훈 선생님, 서문에 들어갈 시를 써 주겠다며 즐거운 호응을 해준 권일한 선생님, 아이들에게 유쾌한 수업을 위해서 모든 에너지를 쏟아 넣는 정말 잘 가르치는 조수현 선생님, 교육적인 안목이 뛰어나고 수학을 사랑하고 즐기는 김은남 선생님, 사회 과목을 사랑하고 아이들과 즐겁게 지내는 이상기 선생님, 배움에 대한 열정을 한결같이 쏟아내며 동료 교사를 돕는 역할을 감사함으로 해내는 김미선 선생님, 책 서문에 들어갈 시를 추천해준 조미나 선생님, 아이들 때문에 많이 아팠지만 아이들 때문에 멋진 교사가 된 임수정 선생님, 학생들과 소통하는 국어 수업을 위해서 노력하는 권소영 선생님, 세월 흘러 갈수록 더해지는 여유와 통찰력으로 주변의 교사들에게 도전을 주는 나의 수업친구 문미향 선생님, 국어교육에 대한 열정과 학문적인 깊이와 넓이를 지니고 있는 김소현 선생님, 수학 사랑을 위해서 자신의 모든 것을 거는 똑순이 이경희 선생님, 하이 톤의 목소리로 다른 사람들을 일깨우는 음악을 즐기는 장명옥 선생님, 생기발랄하고 재치 있는 영어를 매우 잘하는 황미혜 선생님, 해박한 지식을 가지고 사회의 현상을 비추고 해석해준 서경전 선생님, 그리고 설문에 답을 하지 못한 것을 애석하게 여기며 미안하다고 이야기해준 이홍배 수석 선생님, 수학 과목의 오류를 잡아주신 권혁천 수석 선생님, 수학 교사들이 느끼는 딜레마가 수준이 다른 아이들을 가르쳐야 한다는 것이라며 자신의 수업 코칭 사례를 이야기해준 김민선 수석 선생님. 이 모든 선생님이 있어서 가능했다. 이 책의 핵심은 이 분들의 이야기를 듣는 것이다. 그래서 더욱 소중한 분들이다. 자신의 고민을 들려준 누군가의 아픔을 알아차려준 선생님들이다.

이 책이 나오는 데는 한 사람의 기다림이 있었다. 맘에드림 신윤철 편집장님이다. 일 년 이상을 기다려 오셨다. 마음이 많이 상했을 텐데 단 한 번도 나에게 싫은 소리를 하지 않았다. 고백하건데 몇 번은 전화를 받지 않기도 했다. 그래도 뭐라고 하지 않으셨다. 기다리고 또 기다렸다. 내가 이 책을 쓰면서 만난 멋진 사람이다. 나를 성장시켜준 분이다. 그래서 미안하고 고맙습니다.

그리고 성문의 선생님들이다. 수학에서 공리, 정의, 정리를 가르쳐 준 이정욱 선생님은 형님 같은 분이다. 어려운 질문에도 따뜻하게 답해주시고, 칠판 글씨의 주인공이다. 국어과 원고를 교정해준 신미영 선생님은 안식년 복직 후 업무로 힘들었을 때 많은 도움을 주셨다. 그리고 또 다른 짝꿍 강성구 선생님은 사회에 대한 여러 가지 질문을 친절하게 받아주시고 좋은 사례도 들려주셨다. 자신이 터득한 영어 공부의 방법을 이야기해준, 아이들을 가르치는 교수방법이 뛰어난 김은정 선생님. 음악을 사랑하고 음악 교수학습방법이 남다른 양수경 선생님. 요즘에는 미술보다 색소폰을 더 사랑하는 문영찬 선생님, 칠판 글씨의 달인을 소개해준 수학과 김윤환 선생님. 이 분들의 도움이 없었다면 많은 부분이 부족했을 것이다. 그리고 이 선생님들과 대화를 나누면서 수업 고민에 대해서 이야기를 들을 수 있어서 좋았고, 같은 공간에서 같은 아이들을 가르치는 선생님과 함께하는 기쁨을 경험했다.

그리고 이 책은 나를 만났던 전국의 수업친구들이 나에게 준 선물이다. 그들의 아픔과 고통을 나에게 나눠준 것이었다. 특히 수업코칭 활동가 2기 선생님들. 나에게 마음을 열어준 정말 고마운 선생님들이다. 선생님들이 저를 성장시켜주셨다.

마지막으로 가족에게 감사한다. 나의 영원한 지지자 아내 송수경. 당신이 있어서 지금의 내가 있다. 나의 모든 투덜거림을 언제나 긍정으로 받아주는 친구이자 애인인 아내. 내 옆에 항상 있어 주는 버팀목 같은 존재이다. 그리고 사춘기를 맞은 중2 소윤이. 마음이 여리고 곱다. 지금은 무엇을 해야 할지 흔들리는 시기. 아빠를 믿어 줘서 고맙다. 막내 윤하. 가족에겐 까칠하지만 다른 사람에게는 친절한 멋을 가진 아이다. 자신이 해야 할 일을 분명하게 알아서 하는 친구다. 아빠가 책 내는 것을 자랑스럽게 생각하는 딸들이다.

이젠 진짜 마지막이다. 나를 선생님으로 성장시켜주는 밀알 친구들이다. 제1기부터 14기까지 모든 나의 제자들. 그들과 함께 할 수 있어서 지금의 내가 있다. 고맙다. 사랑한다.